베이비부머를 ——— 위한 ——— 변명

베이비부머를 —— 위한 —— 변명

장 석 주

yeon
doo

말하고 있는 것은 당신이 아니다.

당신 안에서 외치는 것은 당신의 종족만이 아니다.

헤아릴 수 없는 인류의 모든 종족이 당신 안에서 외치며 달린다.

— 니코스 카잔차키스, 『어두운 심연에서』

□ ⅠⅠⅠⅠ 차례 ⅠⅠⅠⅠ□

2부 — 베이비부머의 고백

— 우리 세대를 말한다

나는 베이비부머 중 한 사람이다. 우리 세대는 한국
전쟁 뒤 태어났다. '꽃중년'이라고도 부르는 우리는
1955년에서 1963년 사이에 태어나 첫 울음을 터뜨렸
다. 최희준의 〈하숙생〉과 배호의 〈돌아가는 삼각지〉
를 듣고 자랐다. 치열한 중학교 입학시험을 치렀고, 사
회에 나올 때도 입사 경쟁은 뜨거웠다. 우리가 선택한
건 아니지만 우리는 한 시대에 우르르 많이 태어난 탓
에 늘 과열 경쟁을 치러야만 살아남을 수 있었다. 영
화 〈사운드 오브 뮤직〉에 감동하고, 〈러브 스토리〉를
보며 설레었다. 주간지 『선데이 서울』에서 '성'을 배우

고, 최인호의 『별들의 고향』에서 자본주의가 순결한 한 여자를 어떻게 농락하고 인생을 망가뜨리는지 보고, 청년 시절에는 '사상의 은사'인 리영희의 『전환시대의 논리』나 『우상과 이성』을 읽으며 '의식화'를 겪었다.

우리 세대는 채변 봉투에 받아간 똥으로 기생충 검사를 받고, 쥐의 꼬리를 잘라 학교에 내는 숙제를 하고, 학교에서 미국 구호물자로 만든 옥수수가루 빵을 배급받아 먹었다. 너나 할 것 없이 가난하던 시절이다. 박정희 군부 독재 시절 일본 제국주의의 교육 칙령을 본뜬 '국민교육헌장'을 달달 외우고, 고등학교 때 교련 과목이 생겨 교련복을 입고 제식 훈련과 맹목의 애국주의 세뇌 교육에 내몰렸다. 1971년 서울 8개 대학에 무기 휴업령과 위수령이 발동되고, 1972년 유신 선포와 전국 비상계엄 선포, 1973년 중앙정보부의 김대중 납치 사건, 1974년 긴급조치 제1호와 제2호의 공포가 서늘한 시대에도 민주화 열망을 꺼트리지 않았다. 우리 중 일부는 군부 독재에 저항하는 '운동'에 뛰어들어 일부는 감옥에 다녀왔다. 양희은의 〈아침이슬〉과 김

민기의 〈친구〉를, 송창식의 〈왜 불러〉와 이장희의 〈그
건 너〉를 부르며 질풍노도의 청춘을 건너왔다. 조용필
의 〈돌아와요 부산항에〉가 거리에 울려 퍼지던 무렵
독재자의 갑작스런 죽음과 5·18 광주항쟁을 목격했으
며, 1987년 시민혁명으로 직선제를 쟁취하고, 고도 소
비 사회의 풍요와 공직자의 도덕적 해이로 나라 경제
가 거덜 나면서 닥친 외환 위기라는 고난의 시기를 겪
었다.

서울의 압구정동 아파트값이 천정부지로 뛰어오르던
무렵 서태지와 아이들이 등장하는데 우리 세대는 이
일을 일종의 문화 충격으로 겪었다. 우리는 삼풍백화
점이 무너지고, 성수대교가 그 위를 달리던 자동차들
과 함께 강물로 주저앉고, 진도 앞바다에서 세월호가
뒤집어져 침몰하는 등 각종 재난의 목격자다. 우리는
산업화와 민주화의 압력을 거의 비슷한 강도로 겪으며
삶의 부피를 키웠다. 2016년 겨울에 일부는 박근혜 전
대통령의 탄핵을 외치는 촛불집회에 나가고, 또 다른
일부는 탄핵을 반대하는 태극기집회에 나갔다. 내 친
구들은 부자와 빈자, 보수 꼴통과 진보 좌파, '신념 기

억'이 이상 비대화된 자와 다양한 '학습 기억'을 가진
자로 나뉜 채 뒤섞여 있다.

우리의 생김새가 제각각 다르듯이 베이비부머의 살림
형편이나 정치에 대한 신념은 각양각색으로 엇갈린다.
어떤 친구는 내일 세상에 종말이 올지라도 오늘 사과
나무 한 그루를 심겠다고 하고, 다른 친구는 그 사과나
무를 베어내 팔아서 소주 한 잔을 마시겠다고 한다. 어
떤 친구는 〈나는 꼼수다〉 같은 현실 정치를 풍자하는
방송에 열광하고, 또 다른 친구는 정치 따위와는 담을
쌓은 채 부동산 경매를 쫓아다닌다. 어떤 친구는 주말
골프 스코어를 이야기할 때 흥분하고, 또 다른 친구는
달마다 받는 연금 액수를 자랑할 때 보람을 느낀다. 한
편에서는 영화 〈변호인〉에 열광하고, 또 다른 한편에
서는 〈국제시장〉을 보면서 눈물을 떨군다.

나는 1970년대 초반 상업고등학교를 다녔는데 학과 공
부는 뒷전이고 도서관에 틀어박혀 책을 읽었다. 나중
에 상업고등학교를 중퇴하고 시립 도서관에 붙박이로
앉아 몇 년 동안 습작한 끝에 등단했다. 나와 같은 해

상업고등학교에 입학한 친구 중 학업 성적이 좋으면 은행이나 증권 회사에 들어갔다. 일부는 지점장을 거쳐 정년퇴직을 했다. 드물게 교사나 중학교 교장, 국회의원이나 지자체 장, 건설 회사나 제약 회사의 사장도 나왔다. 가장 드문 사례로 라면 회사에 들어갔다가 그만두고 독일에 유학을 가서 오페라 가수로 명성을 얻은 친구도 있다. 고교 동창회에는 여러 직종의 친구들이 모인다. 동창 모임에 나타난 여러 친구가 약속이라도 한 듯 등산복을 입고 있어서 놀랐다. 등산복이 편하기 때문일 테다. 한편으로 등산복 패션은 이들이 감당하는 생의 나날이 여전히 '산'같이 가파르고 힘들다는 무의식적인 암시다. 이 늙은 벗들은 아직도 가족 생계에 대한 강박에서 자유롭지 않다. 건설 회사에서 일한 친구는 은퇴해서 아파트 경비직으로 취업하고, 은행 지점장을 지낸 친구는 부동산 중개인으로 변신했다.

내 아버지는 목수였다. 그는 잘난 것도 못난 것도 없는 보통의 아버지였다. 일제 강점기에 태어나 고난을 겪고, 청년기에는 한국전쟁을 겪었다. 내 아버지는 가난하고, 뒤를 봐줄 가족도 없었다. 어쩌면 그는 지독하게 불운한 존재였다. 그는 세계의 질서를 주관하지도 못하고, 다만 무능하고 무기력한 존재로 살다 갔다. 그는 폐위된 왕, 무기력한 가장, 변방을 떠도는 방외인이었다. 나는 그런 아버지를 존경하지 못한 채 내내 불화했다. 아버지처럼 살고 싶지 않았다! 아버지에게서 가장 멀리 도망가고 싶었다. 아버지의 체제와 방식을 받아들여 그대로 따르는 것은 아버지가 영토화한 세계에 편입하는 것이다. 그 영토에서 벗어나기는 '탈영토화'다. 이것은 구체적으로 아버지 미워하기, 부정하기, 상징적 살해하기일 테다. 질 들뢰즈Gilles Deleuze에 따르면 아버지에게서 '도주선'을 타는 일이다. 토끼나 사향쥐는 제 굴이나 보금자리를 덮친 포식자를 피해 재빠르게 달아난다. '도주'란 포식자를 피해 뒷구멍을 통해 달아나기다. '도주선'을 타는 것은 자기가 처한 존재 조건이 견딜 수 없고, 더는 그대로 살 수 없기 때문에 불가피하게 새 존재 조건으로 옮겨가는 것이다. 그것은 위험한 삶을 피해 달아나는 실존의 절박한 선택이다. 내 인생은 아버지라는 실패한 왕의 영토에서 가장 멀리 달아나기였다. 내 아버지의 불행은 가난한 나라에서 태어나고, 일찍이 부모를 여의었기 때문일 테다. 또한 내가 짊어진 불행 역시 그 아버지에게서 비롯된 불행이다. 신화의 세계에서 아버지는 절대의 권한을 갖고 세상을 지배하는 신이다. 신화 속 아버지들은 사라졌다. 그런 아버지가 없는 세계란 질서를 제정하고 감독하고 관리하는 힘이 사라진 것을 뜻한다. 세계를 지배하는 아버지는 언제든지 억압하고 교화를 위해 폭력을 쓰는 악의 표상으로 변질되는 존재다. 아버지는 정치 상징에서 기존의 질서와 가치 체계를 수호하고 지배하는 독재자다.

우리 세대는 거의 모두 누군가의 아버지로 열심히 살았다. 그러나 우리는 세계를 지배하는 권한을 행사하지 못했다. 이제는 늙고 병들어가는 우리에게 아버지 노릇은 벅찬 일이다. 자식을 출가시키는 일에 목돈을 써야 하고, 아버지로서 권리보다 잉여의 의무에 더 허덕이는 까닭이다. 우리 세대가 맡은 아버지라는 직분에 부권제 이데올로기나 권력은 없다. 다만 가족 부양을 떠맡으며 긴 노동을 한 탓에 어깨가 굽은 '슬픈' 아버지들이다.

우리 세대의 많은 벗이 정년퇴직을 당해 생업 일선에서 물러나 빈둥거리며 지낸다. 이 혈기가 왕성한 '젊은 노인'은 인터넷 '밴드'를 통해 연락을 주고받으며 종종 당구를 치고 소주 한 잔을 나눈다. 더러는 주말마다 모여서 산을 오르는데, '밴드'에는 등산 가서 손가락을 V 자로 하고 찍은 단체 사진들이 올라온다. 50여 년 전 아르헨티나로 이민 간 친구가 돌연 귀국하고, 미국으로 이민을 간 뒤 성공했다는 소문이 돈 친구는 사업을 접고 돌아왔다. 회귀성 어류같이 생명을 얻고 자라난 땅으로 돌아오고 있다. 우리는 노년기 초입의 '처음 늙어보는' 시간을 어리둥절하면서 맞는다. 남은 생을 지탱할 '늙음' 앞에서 당황하는 일은 자연스럽다. 영국 문화인류학자 로빈 던바Robin Dunbar는 인간의 신경피질이 다룰 수 있는 친근한 인간관계는 150명 안쪽이라고 한다. 같은 해에 태어난 100명 중 1명은 16세에 죽고, 63세 때 이후로 해마다 1명씩 죽음으로 주민 등록이 말소되다가 75세가 되면 67명이 남고, 100세를 살아서 맞을 이는 단 3명뿐이다. 우리 세대는 해마다 1명씩 사라지는 지점에 도달한다.

1969년 7월 20일 오후 10시 56분, 아폴로 11호에 탑승한 닐 암스트롱Neil Alden Armstrong은 달에 착륙한다. 그는 달의 지면에서 몇 걸음을 뗀 뒤 "이것은 한 사람에게는 작은 한 걸음에 불과하지만 인류에게는 위대한 도약이다!"라고 감격에 찬 말을 토해낸다. 우리 세대는 닐 암스트롱의 이 말을 기억한다. 우리는 살아남음이 '위대한 도약'이라고 생각한다. 우리는 각종 교통사고, 익사와 낙상 사고, 예기치 못한 재난과 재해들, 각종 암과 파킨슨병을 용케도 다 피하고, 승자 독식 사회의 경쟁과 자살의 유혹마저 견뎌내고 살아남았다. 자랑스럽다!

베이비부머는 지나온 세월의 부피를 통해 인생이 전혀 공평한 것이 아니라는 것쯤은 깨달았다. 우리 중 일부는 벌써 세상을 떠서 없다. 우리가 아직껏 살아남은 것은 부모에게서 받은 건강한 유전자의 영향과 행운이 겹친 결과이겠으나 어쨌든 거저 주은 공돈 같은 건 아니다. 산책과 운동, 충분한 수면, 비타민제 복용, 날마다 먹는 사과와 건강한 웃음도 심신을 건강하게 만들어 힘을 보탰을 테다. 살아남음보다 더 중요한 것은 이 살아남음으로 이 세상을 더 좋은 방향으로 바꾸는 데 어떻게 기여할 것이냐 하는 일이다. 우리 삶의 숭고함은 세상의 평범한 악들에 분노하고, 치매나 노망에 또렷한 정신을 빼앗기지 않으며, 하루가 멀게 다가오는 '늙음'을 웃으며 맞는 일로써 증명할 수 있을 테다. ■

□

||||||

1부

|

베이비부머를 위한 변명

||||||

□

■

|||||

세대론을 위하여

|||||

■

사람은 누구나 기억의 연속 위에서 제 삶을 꾸린다. 우리는 갖가지 경험을 하고 경험은 기억으로 보존된다. 이때 기억은 선택이고, 이 기억이 우리 정체성의 기반이다. 그렇다면 기억이란 무엇인가? 생명 현상은 분자의 평형 상태에서 분자의 운동과 교환 과정이다. 기억역시 바로 생명 현상의 일부일 테다. 기억은 뇌 안에쌓여 있는 과거의 영상 집적물이 아니다. 뇌 안에 과거를 기록한 비디오테이프 따위는 존재하지 않는다. 뇌안에서 분자는 끊임없이 움직이는 상태다. 기억은 분자가 평형을 이루며 '고여 있는 상태'에서 의식이 잡아

챈 순간 만들어진다. 그것은 각인된 과거가 아니라 항상 현재적 상태로써 생생한 것이다. 다시 말해 "과거란 현재이며 그리운 것이 있다면 그건 과거가 그리운 것이 아니라 지금 그립다는 상태에 있는 것"이다. 따라서 지금 이 순간 뭔가가 생생하게 기억난다면 "과거가 생생한 것이 아니라 바로 지금 생생한 감각 속에 있는 것"▪이다.

망각은 잃어버린 기억, 더는 상기되지 않는 기억, 즉 뇌의 기억 회로에서 전기적·화학적 신호가 끊기는 현상이다. 망각은 선택과 배제로 이루어진 기억의 폐허다. 나이가 들면 기억의 폐허는 더 넓어진다. 과거의 기억을 전부 잃는다면 어떤 사태가 빚어질까? 기억을 잃는다면 내가 누구인지, 어디에 사는지, 무슨 일을 하고 있는지를 모르게 될 테다. 따라서 기억의 지속이 끊기면 정상 생활이 불가능할 테다. 뇌의 편도체나 해마에 남지 않은 기억, 망각된 기억은 이제 우리 것이 아

▪후쿠오카 신이치, 『동적 평형』, 김소연 옮김, 은행나무, 2010, 27~28쪽.

니다. 우리가 기억하는 바가 바로 우리 자신이다. 개별자의 사적 기억이 집단의 기억으로 회귀하면서 공적 기억으로 빚어지는데, 세대론은 공적 기억으로 빚어진 개별자의 사적 기억을 토대로 한다.

베이비부머는 의식의 안쪽에 가난의 기억을 트라우마로 간직한 세대다. 인구 과밀 속에서 "둘도 많다. 하나만 낳아 잘 기르자!"라는 산아 제한이 장려되던 시대에 태어난 세대다. 혼식 도시락을 싸가고 그것을 검사받던 세대, 남북 이념의 대립 체제에서 겪은 반공 교육 세대, 박정희 시대에 나온 '국민교육헌장'에 담긴 이념에 따라 의식의 압인押印이 찍힌 세대다. 적자생존의 무시무시한 경쟁을 뚫고 살아남은 세대, 한국의 고도 경제 성장기에 저마다 다른 방식으로 힘을 보탠 세대다. 또한 신자유주의 체제의 압박 아래서 중년의 날들을 거친 세대다.

베이비부머에게 강한 영향력을 끼친 개인을 꼽자면 아마도 박정희 전 대통령일 것이다. 그의 집권기 18년을 고스란히 견뎌내야만 했다. 그 시기는 가난, 국가 폭력, 경직된 이념, 강요된 애국심으로 자유가 제한됐다. 행복이 자신을 억압하는 것에서의 해방과 자유를 뜻한다면 이 시기는 불행한 시대였다고 말할 수밖에 없다. 우리는 전쟁, 포로수용소, 대량 학살 따위를 겪지는 않았지만 가난, 평범한 악들, 속물주의, 무한 경쟁, 정의가 없는 국가의 폭력을 겪었다. 그 전쟁을 인생의 과도기로 겪으며 살아남았다. 내 안에 '빨리 빨리'와 '직진 본능'이 각인되어 있다면, 이것은 무한 경쟁을 치르며 살아온 베이비부머의 슬프고 아픈 특질일 것이다.

베이비부머들은 다양한 일을 하면서 살았고, 아직 그들이 탄 배는 항해하는 중이다. 머지않아 긴 항해를 마치고 항구에 닿을 것이다. 베이비부머는 현실의 중심에서 주변부로, 다시 말하면 '퇴적 공간'■으로 밀려난다. 노인이 넘쳐나는 서울의 탑골공원이나 노인복지센터를 '퇴적 공간'이라고 부를 수 있을 테다. 직장에서 은퇴하고 오갈 데가 없어진 베이비부머는 집에서 나와 그런 '퇴적 공간'에서 같은 처지의 사람과 어울리다가 운이 좋으면 무료 급식소에서 점심을 얻어먹을 수도 있다.

모든 세대는 하늘에서 갑자기 뚝 떨어진 것이 아니라 자기가 처한 역사 시간을 뚫고 나온다. 우리 몸은 동시대의 시간이 쌓이는 것을 지각한다. 동시대라는 시간 지각이 세대론의 바탕이다. 우리는 누구나 서로에 대한 증인이다. 동시대에 태어나 똑같은 역사 사건을 겪으며 산 사람들은 서로가 겪은 시간의 증인들이다. 사실 저마다 다른 장소에서 태어나 다른 삶을 살았지만 우리는 개별자로서 더 깊은 곳에서 상호 연루되어 있다. 우리의 욕망과 집념, 성공과 실패, 용기와 비열함, 학력과 직업, 취향과 가치관, 건강과 재산 정도도 다 다르지만 그 기원을 거슬러 올라가면 동일한 지점에 도달한다. 근대 이후 피침被侵의 역사를 겪은 한반도, 해방과 분단 현실, 한반도인의 유전자, 좌우 이념의 제

■ '퇴적 공간'이란 용어는 홍익대학교 조형대학 교수로 재직 중인 오근재의 동명 저작물에서 가져온 것이다. 오근재는 『퇴적 공간』(민음인, 2014)에서 '늙음'을 응시하며 그 의미를 따지고, 고령화 사회로 진입한 한국의 '퇴적 공간'에서 만난 노인들의 고독과 나이 듦의 정체를 들여다본다. "현대 사회에서 '노화'란 단순히 생물학적인 의미로 유기체 기능의 퇴행과 감퇴만을 말하지 않는다. 건강한 신체와 지적 능력을 가진 사람이라 해도 노동 시장에서 퇴출당하면 사회적인 쓸모를 인정받기 어렵고, 무엇보다도 자본주의 시장에서의 상품 가치를 잃어버리게 된다. 이렇게 본다면 노화는 한 개인이 노동 시장으로부터 밀려가는 거리에 비례한다고 말하는 편이 옳다. 노동 시장의 중심부로부터 떨어져 나온 거리에 정비례하며 노화도 그만큼 진행된다고 할 수 있다." 같은 책, 13쪽.

약 아래에 빚어진 공통된 그 무엇을 기원으로 한다.

2017년 여름, 시드니에서 한 달을 보냈다. 나는 시드니에서 중고등학교 동창인 전홍진[1955년~] 군을 만났다. 45년 만의 만남이다. 그 부부와 시드니 외곽의 베트남촌을 찾고, 뉴질랜드 여행을 함께 하면서 우리 세대가 불가피하게 '빨리 빨리', '직진 본능'을 공유하고 있음을 깨달았다. 우리는 어디에서나 빨리 걸어서 목적지에 도달하려고 서둘렀다. 우리는 음식을 먹을 때도 빨리 먹었고, 어느 장소를 둘러볼 때도 빠른 걸음으로 걸었다. 우리는 서로에게서 제 모습을 비춰보았다. 전혀 다른 시공 속에서 단절된 채 마흔다섯 해를 살았어도 우리에게는 의식과 관습의 공통점이 남아 있었다. 우리는 닮은 모습을 보며 웃었다. 우리는 같은 세대라는 구속에서 벗어날 수 없었던 것이다. 세대론은 각 세대가 공유한 사회적 성격의 차이를 바탕으로 그것이 사회의 역사 변화에 어떻게 영향을 미치고 반영했는지를 따진다. 세대마다 통과해온 시대가 다르고 경험의 고유치가 다르다. 각 세대는 다른 경험을 하면서 동시대의 기억, 생각, 상상을 공유하는데, 이런 기초적 바탕에서 세대론적 특징들이 발현된다.

'베이비부머를 위한 변명'은 동시대를 산 세대를 위한 사적 고백이자 그 세대의 삶과 의식에서 끄집어낸 사회적 의미론이 될 테다. 어쩌면 세대론은 전 세대의 업적에 대한 부정이고, 자기 세대의 정체성을 찾는 일이다. 그것은 종종 전 세대가 기댄 주요 이념에 대한 감성화된 전쟁 포고 선언이다. 세대론이 과거를 소환하고 과거에로 회귀하는 것은 불가피할 테다. 세대론이 감성적 회고에 기대더라도 그 회고에 대한 차갑고 메마른 성찰을 배제하기는 어렵다. 세대론은 늘 소란스럽고 논쟁을 동반한다. 또한 세대론이란 동시대의 추억담을 넘어서는 것으로, 전 세대를 부정하면서 동시대의 가치를 인정받으려는 투쟁기다.

세대론은 한 사람의 생애 기억을 세대의 집단 기억에 비춰 반추하는 일이다. 개별자로서 겪은 고통과 불행 따위의 생애 기억은 공집합을 이루는 베이비부머의 집단 기억으로 수렴된다. 이것은 개별자에게 일어난 특수 경험을 보편 경험의 프레임 안에서 그 의미를 따져

보는 일이다. 나는 사적 기억을 소환할 것이다. 한 개별자의 눈, 코, 귀, 혀, 손에 닿고 비벼졌던 것들, 오감에 각인된 기억은 사적 범주를 크게 벗어나지 못하지만 그것은 사사로움이라는 한정 속에서 사사로움을 넘어간다. 나는 소소한 기억들을 불러내 의미를 따지는 목소리를 낼 것이다. 내 작업은 개별자의 이야기를 펼치고, 그 사적 체험에서 세대 보편의 의미들을 길어내는 것이다. 세대론은 공적 체험에 바탕을 두지만 많은 부분에서 개별 체험이 중요하게 논구되는 것은 그래야만 공허한 관념론에서 벗어나는 까닭이다.

■

‖‖‖

인생이란 긴 여행

‖‖‖

■

나는 오래전에 태어났다. 믿기 어렵겠지만 500년 혹은 700년, 아니 그보다 훨씬 오래전인 1만 년쯤 되었을지도 모른다. 내가 생명 개체가 아니라 생물 종의 흐름 속 존재라는 점에서 이 말은 옳다. 내 몸을 흐르는 피에는 호모 사피엔스가 출현하기 이전 유인원의 DNA가 섞여 흐르고, 뇌와 심장 깊은 곳에는 수렵과 채집을 하며 떠돌던 원시인류의 기억이 잠재되어 있다. 나는 수마트라오랑우탄과 유전자 97퍼센트를 공유한다. 유전자 지도를 따라 거슬러 올라가면 나와 수마트라오랑우탄이 먼 친척뻘이라는 게 밝혀질 테다. 이 기가 막힌

출생의 비밀은 한국 막장 드라마의 전유물이 아니다.

첫 조상이 구름으로 뒤덮이고 바다가 출렁이는 지구에
처음으로 모습을 드러낸 건 대략 30만 년 전이다.(그
동안 학계는 20만 년 설을 줄곧 주장해왔지만, 최근에
30만 년 된 호모 사피엔스의 유골이 발굴되면서 수정
이 불가피해졌다.) 우리는 변덕스럽고 나쁜 기후와 험
난한 자연조건을 견디며 살아남았다. "우리는 손재주,
지략, 융통성, 꾀, 협동을 익혔다. 불을 가두고, 도구를
만들고, 창과 바늘을 깎고, 언어를 만들어 곳곳을 떠돌
며 사용했다. 그리고 눈부신 속도로 증식하기 시작했
다."■ 농업, 문자, 과학의 발명에 기대어 인류는 다른
포식 동물과의 경쟁에서 우위를 차지하고, 그 결과로
더 열량이 높은 음식들과 신변 안전을 확보하면서 인
류의 숫자는 꾸준히 늘어났다. 기원전 1,000년 지구 인
구는 100만 명이고, 기원후 1,000년에 3억 명에 도달했
다. 16세기 들어 5억 명으로 늘고 그 뒤로 인구는 무서

■다이앤 애커먼,『휴먼 에이지』, 김명남 옮김, 문학동네, 2017; 19쪽.

운 속도로 늘어났다. 20세기 지구 인구의 증식 패턴은 영장류의 증식 패턴이 아니라 세균이 늘어나는 패턴과 비슷했다.∎

1977년 8월 20일과 9월 5일, '보이저Voyager'라고 이름을 붙인 두 우주 탐사선이 우주로 발사됐다. 보이저 2호가 먼저 발사되고, 그 뒤를 이어 1호가 발사됐다. 이 우주 탐사선은 미국에서 만든 것인데 특별히 기술 장애가 생기지 않는 한 1979년에서 1986년까지 목성에서 천왕성에 이르는 외행성계를 탐사하고, 그 뒤로 태양계 너머 우주에서 머물 예정이었다. 이 우주 탐사선이 외행성계까지 나아가는 데는 몇 년이나 걸릴 것이다. 이 우주 탐사선에는 지구인이 우주 저 너머에 존재할지도 모를 미지의 지적 생명체에게 보내는 메시지를 담은 레코드가 실렸다. 레코드의 전체 두께는 약 1.27밀리미터, 무게는 570그램이었다. 이 레코드에는 우주인에게 건네는 지구인의 인사말, 사진과 소리, 음악들이 담

∎다이앤 애커먼, 앞의 책, 20쪽.

겨 있다. 바흐Johann Sebastian Bach의 〈브란덴부르크 협주곡〉
2번 F장조 1악장과 〈무반주 바이올린을 위한 소나타와
파르티타〉 3번 E장조 중 '론도풍의 가보트', 모차르트
Wolfgang Amadeus Mozart의 〈마술피리〉 중 '밤의 여왕 아리아',
스트라빈스키Igor Stravinsky의 〈봄의 제전〉 중 '신성한 춤',
베토벤Ludwig van Beethoven의 〈교향곡〉 5번 C단조 1악장, 그
밖에 뉴기니의 〈남자들만의 집에서 노래〉, 세네갈의
타악기 연주, 나바호 아메리카 원주민의 〈밤의 찬가〉,
페루의 〈결혼 노래〉, 중국의 고금 연주 〈유수〉 등이 담
겼다. 1980년 11월 12일, 보이저 1호는 토성을 관측한
뒤 태양계 밖 탐사를 시작하고, 1986년 1월 24일, 보이
저 2호는 천왕성과 처음 마주쳤다. 1998년 2월 17일,
보이저 1호는 지구에서 가장 멀리 떨어진 인공물로 기
록되었다. 2004년 무렵 보이저호는 말단 충격파 영역
을 통과하고 2012년 8월 25일, 마침내 보이저 1호가 성
간 우주로 진입했다.■

■ 칼 세이건 외, 『지구의 속삭임』, 김명남 옮김, 사이언스북스, 2016, 참조.

저 먼 행성에서 본 지구는 어떤 모습일까? 지구인 중에서 극소수만이 외계에서 지구를 바라볼 수 있었다. 지구가 얼마나 아름다웠는지 "심장이 꽃불 터지듯 쿵쿵거렸다."라고 고백한 이도 있다. 우주의 작은 별 중 하나인 지구는 멀리서 보면 그 어떤 행성과 견줄 수 없을 만큼 빼어나게 고혹적이다. 중국의 저 산악 지대 작은 오지 마을에 새벽이 오면 수탉 울음이 길게 메아리치고, 페루의 마추픽추는 방금 떠오른 해가 뿌리는 금빛에 물든다. 인도의 갠지스강은 우타르프라데시주와 비하르주 그리고 서벵골주에 걸쳐 있는 갠지스평원을 가로질러 남동쪽으로 2,510킬로미터를 굽이치며 흐른다. 갠지스평원은 갠지스강에서 유입되는 물로 세계에서 가장 기름진 농토를 이뤄 이 지역 주민의 생계를 책임지고 있다. 지구에는 빛살이 뻗치고, 파도의 속삭임이 있으며, 바람에 눕는 아름다운 풀들이 자란다. 무엇보다도 이 지구는 '녹색 별'이다. 우리가 어디에 살든지 간에 우리는 녹색 향연 속에 있다. "우리는 우연하게도 식물이 녹색을 내는 세상에 살 뿐이다. 식물은 엽록소를 이용해 햇빛을 가지고 유기물을 만들어내는데, 엽록소는 녹색은 빼고 붉은색과 푸른색만 흡수한다.

우리는 사방에 흩어져 대기 중에 색깔을 온통 퍼뜨리는 녹색을 본다."■

다이앤 애커먼Diane Ackerman은 또 다른 책에서 경이로운 문장으로 외계에서 본 지구의 아름다움을 드러낸다. "도시는 인류가 지구에 남긴 전기 지문이다. 그 지문이, 크로뮴 빛깔의 노란 에너지가 도시의 혈관을 타고 흐르고 있다. 무한한 우주의 돔에 박힌 별들의 당당한 대경기장 밑에서 초라해진 우리는 지상에 우리만의 별자리를 창조했고, 그것들에 우리의 승리와 사업과 신화와 지도자를 딴 이름을 붙였다. (…) 우리는 빛들의 축제 한가운데에서 살아간다. 우주 여행자라면 누구라도 이 별들이 들려주는 이야기에 귀를 기울일 것이다. 불빛은 이 행성에 어떤 대담한 생명체가 존재한다는 사실, 그리고 그들이 행성 전체를 누비면서 화려한 도시들을 건설했고, 주로 해안이나 흐르는 물가를 따라서 정착했고, 환하게 밝혀진 미로 같은 도로로 그 정착

■다이앤 애커먼, 『새벽의 인문학』, 홍한별 옮김, 반비, 2015, 111쪽.

지들을 모두 이었으며, 그래서 지도가 없어도 대륙의 윤곽을 읽고 구불구불한 강줄기를 짚어낼 수 있다는 사실을 알려주기 때문이다." 인류는 전기를 써서 인공조명을 밝히며, 밤의 어둠을 몰아내고 새로운 삶을 즐긴다. 지구 바깥에서 지구가 아름답게 비친 것은 인류가 인공조명을 발명하고, 그것으로 지구의 어둠을 밝혔기 때문이다.

우리는 인생이란 긴 여행을 하는 중이다. 여러 경유지를 거쳐 지금 여기에 도착했다. 더 거시적으로 보자면 인류는 다채로운 문명을 경유해 비인과적 시간의 동시성을 체화하며 지금 여기에 당도한다. 나는 인류의 일원으로 태어나고, 시간의 거대한 바퀴는 끊임없이 돌아가며, 지금 여기의 세계로 불가피하게 밀려 나온다. 우리는 '이상한 나라의 엘리스'와 같이 토끼를 따라 토끼 굴로 들어간 '엘리스'들이다. 우리는 길고 긴 굴을 따라 걷고, 더러는 미로 속에서 추락을 겪으며 길을 헤쳐 나온다. 그러나 아직 굴 밖의 세상에 대해서는 알지 못한다.

지금 여기, 우리가 서 있는 자리, 즉 장소와 시간이 결합하는 네트워크 속으로 불시착한다. 우리가 지금 여기에 도착하기를 갈망한 것은 아니지만 어쩌다 보니 여기까지 오게 되었다. 그래서 누군가는 지금-여기에 대해 강하게 부정하는 몸짓을 보인다. 우리가 지금-여기에 도착한 것은 여러 우연이 겹치며 불가피한 바가 있었지만 문제는 지금-여기에 도착한 우리 내면을 채운 것이 공허라는 점이다. 한반도는 남과 북으로 분단되어 있고, 서로 다른 이념과 체제로 된 두 국가가 들어서서 통치하고 있다. 남과 북은 엄청난 군사력을 동서로 가로지른 경계 지역에 집중 배치하고 있다. 자칫하면 이 화약고가 터질 수도 있다. 누군가는 묻는다. "우리는 여기서 무엇을 하고 있지?" 누군가는 대답한다. "우리는 고도를 기다리고 있는 거야." 그렇다면 우리의 '고도'는 무엇인가?

■

|||||

슬픈 자화상

|||||

■

무수한 세대가 있다. '산업화 세대', '민주화 세대', '386 세대', '88만원 세대', '3포 세대', '잉여 세대' 등 등이 그것이다. 베이비부머는 전후의 궁핍 속에서 태어나고 자랐기에 가난을 보편적 경험으로 공유하는 이가 많다. 우리보다 앞선 해방둥이 세대와 1980년대의 운동권 세대를 잇는 '가교 세대'이거나 두 세대 사이에 '낀 세대'다. 우리는 넓은 범주에서 유교 문화가 잔존하는 사회에서 빚은 정체성과 농경 문화의 감수성을 내면화하며 살았다. 우리 중 다수는 1970년대 후반에서 1980년대까지 고도 경제 성장기 동안 산업의 역군으로 나서 국가 경제를 융성하게 일구는 데 힘을 보탰다는 자부심을 갖고 있지만 IMF라는 국가 부도 위기에 처하며 심각한 타격을 입었다. 기업들이 문을 닫을 때 그중 많은 이가 직장을 잃고 거리를 떠돌았다. 우리는 퇴직과 실직을 겪고, 자영업 종사자는 폐업한 뒤 재기하기 위해 발버둥을 쳤다. 용케도 그 위기를 헤쳐 나온 이도 있고, 그대로 주저앉은 이도 있다. 이제 스무 해 남짓한 세월이 흘렀다. 우리는 60대 초반으로 사회 현업에서 퇴직하는 연령대에 들어섰다. 이른바 베이비부머들은 일과 직장에서 밀려나며 '퇴적 세대'가 되어가는 중이다.

우리에게 해고와 실직은 아직 마주치고 싶지 않은 현실이다. 하지만 퇴직과 은퇴는 피할 수 없는 현실이다. 문제는 우리에게 일할 만한 신체 능력이 있고, 아직 가족을 부양해야 한다는 점이다. 우리는 새 직장이나 일을 구하려고 구직 활동을 해야 한다. 우리는 고용노동부 사이트나 구인 구직 사이트를 통해 일자리를 찾는다. 한국 경제의 도약기인 1980년대에 산업 역군으로 생산 현장에서 일하고, 세계를 누비며 제품들을 내다

팔며, 그 결과 한국의 국가 경제의 성장을 끌어올렸다는 베이비부머의 자부심은 퇴색된 지 오래다. 더구나 국가의 부를 키운 중추 세대인데, 한창 현업에서 일할 40대에 외환 위기라는 벼락을 맞고 명예퇴직을 당했다. 이 나라를 빈곤에서 구해냈지만 정작 명예퇴직과 은퇴, 해고와 실직을 겪으며 나이 들어 빈곤 계층으로 전락하는 불운을 피할 수 없었다. 우리는 돈을 벌어 부모 세대를 부양했으나 자식 세대에게는 외면당한 '긴 세대'다.

베이비부머인 서울대학교 사회학과 교수인 송호근은 이렇게 쓴다. "연평균 7퍼센트의 고성장 시대에 청장년 시절을 보낸 베이비부머들은 청춘의 자유를 개발독재에 반납한 대가로 어떤 세대보다 훨씬 풍요로운 생애 기회를 누릴 수 있었다. 정치를 저당 잡히고 경제를 얻었다는 말이다. 공고 출신의 젊은이들은 졸업도 하기 전에 중화학 공업 단지에 신축 중이던 대공장으로 입도선매가 되었으며, 20퍼센트 정도에 머물던 대학 진학자들은 확장 일로에 있었던 재벌 그룹과 대기업으로 비교적 용이하게 진출했다." ■ 실업계 고등학교를 나와 입도선매로 취업할 수 있었다는 것은 맞지만 현실이 늘 녹록했던 것만은 아니다. 700만 명으로 추산되는 이 베이비부머들은 해마다 100만 명이 퇴직자로 밀려나온다. 우리는 생존이라는 버거운 투쟁에 내몰리는데, 일부는 운 좋게 아파트 경비원으로 취업하거나 부동산 중개업 혹은 편의점이나 음식점 같은 소규모 자영업에 뛰어든 친구도 있지만 대부분 빈둥거리며 소일한다. 더러는 주중에 '노스페이스' 따위의 브랜드가 새겨진 등산복을 입고 서울 근교의 산을 오르고, 더러는 '밴드' 활동에 열중하며 중고등학교 시절 친구들을 만나 당구장에서 당구를 치고 끝난 뒤 소주 한두 잔씩을 마시고 헤어진다.

우리 세대는 무모하고 비참하고 찬란하고 억울하다는 느낌을 공유한다. 거울을 들여다보면 무모하고 비참하고 찬란하고 억울한 시대를 건너온 얼굴이 고스란히 비친다. 우리가 거쳐온 시대가 바로 거울이다! 녹슬고

■ 송호근, 『그들은 소리내 울지 않는다』, 이와우, 2013, 73쪽.

깨진 거울에 비친 우울하고 슬픈 자화상들! 시대의 거울은 낡고 뿌옇고, 금이 가고 깨졌다. 우리는 사소하고 위대했다. 우리는 행복을 꿈꾸었으나 그 기획은 백일몽으로 끝났다. 우리는 불행의 포박에서 풀려나지 못한 채 이 구질구질한 현실이라는 최저 낙원에 불시착했다. 베이비부머의 자화상은 불안과 권태와 무기력에 찌든 얼굴이다. 타인은 행복해 보이는데, 왜 나만 공허하고 불행한가? 내 삶을 날줄과 씨줄로 직조하는 이 불행의 발생론적 근원은 어디인가? 타인의 행복이 근사해 보이는가? 그것은 우리가 그것을 '행복한 것'으로 간주했기 때문이다. 행복이 목표나 야망의 대상이 되면 붙잡을 수가 없다. 그 찰나 목표물은 흔한 사냥감으로 바뀐다. 하나의 사냥감을 포획하고 사냥을 끝내는 것이 아니라 다른 사냥감을 쫓아 달려야 한다. 사냥을 마치는 순간 우리는 다른 사냥꾼의 표적으로 쫓기게 되는 것이다. 불행하게도 우리는 사냥을 끝낼 수가 없다.

■

‖‖‖

안녕, 시골이여!

‖‖‖

■

태어나보니 우연하게도 한국이라는 나라의 농촌이고,
때는 1950년대 중반이었다. 마당 한쪽에 거름이 쌓여
있고, 돼지우리에는 커다란 돼지 두 마리가 꿀꿀대고,
닭장에는 십여 마리 닭이 흙 목욕을 하거나 모이를 쪼
고 있었다. 20세기 중반 한반도의 농촌 마을은 근대 이
전의 봉건 유습이 지배했다. 가옥 구조는 부엌과 마루
가 딸린 전통 초가고, 대가족이 모여 살았다. 그 당시
농어민은 등이 휘도록 일해도 가난에서 벗어나기 어
려웠다. 농업 노동에 대한 자긍심은 찾아볼 길이 없고,
낙담과 체념의 정서가 의식 밑바닥에 괴어 있었다. 농

촌은 조상 대대로 그렇게 살아왔으니 땅을 파헤치고 씨앗을 뿌리며 사는 타성이 지배하는 낙후된 삶의 공간이었다. 나는 1955년 1월 8일 음력에 충청남도 남단의 한 고장에서 태어났다. 전 언어적 유아기의 기억이 내 편도체에 남아 있을 리 없지만 나는 직관으로 이런 시를 썼다.

겨울이다. 아름답고 스산한 저녁,

고막鼓膜에 가득 찬 공기들이 빠져나가면서

저녁이 저녁인 줄도 모른 채 태어나는 아이들.

영원永遠의 가장자리에서 서성거리는 젊은 남자,

어둠의 기슭에 측백나무 그림자가 드리운다.

울며 젖 보채는 머리 까만 아이야,

너는 꿈속이나 꿈속 아닌 일들을 살아야 한다.

네가 벽에 머리를 짓찧는 날들이 올 것을

네 인생을 아주 멀리까지 밀고 나갈 것을

우리는 눈치 챘다. 가는 손금들에 바람이 불고

잎 없는 버드나무 가지들이 춤추고

양들은 길 잃고 극성스럽게 울어댄다.

여자가 남자의 늘어진 팔꿈치께를 바라볼 때
슬픈 것들은 늘 더 가까이에 있다.

― 졸시, 「생일」 전문

전쟁 직후 어느 해 스산한 겨울 저녁, 그 무렵 태어난
수많은 아이 중 하나였다. 나는 외가에서 외조모의 치
맛자락을 붙잡고 외삼촌들의 견제와 질시 속에서 자라
났다. 젊은 아버지와 어머니는 호구지책을 찾아 동두
천 같은 곳을 떠돌았다. 그들은 고달픈 나날을 이어가
느라 장남을 돌볼 겨를이 없었다. 농촌에는 국민학교
졸업으로만 학업을 끝내는 사람이 태반이고, 중고등학
교로 진학하는 이는 드물었다. 1, 2명쯤이 대학에 진학
했는데, 그건 지역 사회에서 대단한 화제를 낳는 사건
이었다. 국민학교를 마친 여자들은 공장에 취업하거
나 집안일을 거들다가 시집을 갔다. 남자들은 농업 노
동을 기피하고 일자리를 찾아 대처大處로 떠났다. 내게
는 외삼촌이 4명이나 있었는데, 그들 역시 농업 노동을
기피하고 서울로 상경해 하찮은 일자리를 잡았다. 땅

에 들러붙어 김매고 쇠죽을 쑤며 사는 이들은 배경 없고 주변머리가 없어 주저앉은 사람들이다. 그들은 자신을 땅 파먹고 사는 '무지렁이'라고 자조했다. 이들에게 농자천하지대본農者天下之大本은 그저 하나의 관용구일 뿐이고 농업은 보람도 기쁨도 없는 고달픈 천업賤業에 지나지 않았다. 농촌은 가난과 봉건주의 유습이 혼재된 채로 충이나 효를 중요한 도덕 가치로 떠받드는 원시 사회였다. 그 시절 집집마다 자식이 5~6명 태어나는 일은 다반사였다. 그 남루한 현실에서 아이들은 거의 방치되기 마련이었다. 나는 기계충을 앓아 머리가 군데군데 헐은 아이들 틈에 끼여 농촌 소읍의 국민학교에 입학해서 한글을 깨우치고 구구단을 외웠다.

1964년 이른 봄, 나는 육군 훈련소가 있는 중부 지역 군내의 농촌 마을에서 유년기를 보내다가 서울로 올라왔다. 둘째 외삼촌과 서울행 완행열차에 몸을 싣고 외할머니가 싸준 찐 달걀을 까먹으며 창밖 풍경에 눈길을 주었다. 완행열차는 많은 역에 정차했다가 떠나기를 반복했다. 대전, 조치원, 천안, 평택, 오산, 병점 따위의 역들을 거쳤을 테다. 나는 외삼촌에게 여러 번 서울역이 얼마나 남았는지를 물었다. 완행열차는 6~7시간을 달려 서울역에서 닿았을 텐데 아주 길고 지루한 시간이 흘러간 뒤였다. 기억이 맞는다면 외삼촌을 따라 내가 시골집에서 나온 것은 동트기 전이었는데 서울역에서 도착했을 때는 밤이었다. 내 기억이 또렷하지는 않다. 그때 서울역 풍경이 어땠는지 아무 기억이 남아 있지 않다.

나는 10세 이전 농촌 취락의 경험과 논밭과 샛강을 넘나들며 키운 자연 교감의 정서를 내면에 각인한 채 삶의 거점 공간을 바꾸게 된 것이다. 거대 도시 서울이 내 실존을 꿰뚫는 장소가 되었는데, 서울은 낯선 타자의 얼굴을 하고 있었다. 1960년대 서울은 인구가 늘고, 각종 산업 시설이 몰려 거대 도시로 도약하려고 꿈틀대던 시기다. 서울 도심의 한가운데로 효자동과 원효로를 오가는 전차 노선이 있었다. 전차가 지나갈 때면 공중에서 전기 스파크로 파란 불꽃이 튀었다. 공중의 전선에서 파란 불꽃이 튈 때마다 겁이 났다. 거리는 자동차와 리어카와 지게를 진 사람들이 한데 뒤엉켜 복잡해 보였다. 남대문시장이나 서울역 따위의 사람이

몰리는 곳에는 '쓰리꾼'들이 출몰하고 시골에서 상경한 어리바리한 이들은 '네다바이'를 당해 빈털터리가 되기 일쑤였다. 서울역이나 청량리역, 그리고 용산역 부근, '종로3가'에는 사창가들이 번창했다.

■

|||||

서울은 만원이다

|||||

■

1960년대는 4·19 혁명과 함께 열린다. 4·19 혁명이 지
핀 자유민주주의에 대한 열망은 이듬해 5·16 군사쿠데
타에 의해 짓밟힌다. 그리하여 1960년대 남한 사회는
"모순적이고 길항하는 힘들의 각축" 속에서 "황금만능
·경제제일의 이데올로기가 수많은 속물과 졸부를 곳곳
에 등장"시키며 그 파노라마를 펼쳐낸다.[■] 1964년 5월
9일, 동양방송TBC이 개국했다. "오늘 1964년 5월 9일

■ 권보드래·천정환, 『1960년을 묻다』, 천년의상상, 2012, 9~10쪽.

정오, 온 누리에 메아리 번지는 가운데 장엄한 출발의 신호를 울린 RSB 라디오서울은 호출 부호 HLKC 주파수 중파 1380Khz 출력 20KW로 지금부터 하루 스무 시간의 그 서막을 올려드리겠습니다. 곧 라디오서울 시보가 정오를 알려드리겠습니다." 아나운서의 격앙된 목소리가 동양방송이 '영원한 국민의 횃불임을 선언'하며 방송 개시를 알렸다.

1964년 유호가 작사하고 이봉조가 작곡해 서울대학교에서 법학을 전공한 가수 최희준1936년~이 낮고 허스키한 목소리로 부른 〈맨발의 청춘〉이 거리에 자주 울려 퍼졌다. "눈물도 한숨도 나 혼자 썹어 삼키며 밤거리에 뒷골목을 누비고 다녀도 사랑만은 단 하나로 목숨을 걸었다. 거리에 자식이라 욕하지 말라. 그대를 태양처럼 우러러보는 사나이 이 가슴을 알아줄 날 있으리라. 외롭고 슬프면 하늘만 바라보면서 맨발로 걸어왔네. 사나이 험한 길 상처뿐인 이 가슴을 나 홀로 달랬네. 내 버린 자식이라 비웃지 말라. 내 생전 처음으로 바친 순정은 머나먼 천국에서 그대 옆에 피어나리." 나는 뜻도 새기지 못한 채 이 노래를 흥얼거렸다. 〈맨발의 청춘〉은 당대 최고 배우인 신성일과 엄앵란이 출연하고 김기덕1934~2017년이 감독을 맡았다. 〈맨발의 청춘〉이 개봉되자 극장으로 인파가 몰렸다. 〈맨발의 청춘〉은 서울에서만 21만 관객을 모으며 '공전의 히트'를 한 영화로 기록됐다.

이해 서울 인구는 360만이었다. 그랬건만 이미 '서울은 만원이다.'라는 실감은 컸다. 다들 생업으로 바빴지만 더 많은 사람이 실업의 상태로 거리를 떠돌았다. 이 무렵 실업 인구는 7~8퍼센트고, 대졸자의 실질 실업률은 21퍼센트에 달했다. 서울의 공기는 탁하고 어딘가 일산화탄소의 냄새가 희미하게 떠돌았다. 집집마다 연탄을 난방 연료로 썼기 때문이었을 것이다. 서울이라는 타자 너머에는 미국을 중심으로 한 서구라는 낯선 타자가 서성거렸다. 나는 그 타자의 기척을 느꼈다. 우리의 명줄을 쥐고 있는 그것은 실체가 모호한 것이기에 더욱 매혹과 공포라는 두 얼굴을 하고 있었다.

1961년 5·16 군사쿠데타로 권력을 거머쥔 박정희의 군사 정권은 '빈곤의 탈출'이라는 프레임 속에서 근대화,

성장, 발전이라는 사회적 어젠다를 내놓았다. 이것은
제2공화국인 장면 정권이 내세운 '경제제일주의' 노선
이나 '선건설·후통일'의 정책 지향과 다를 바가 없는
것이었다. 박정희는 화폐 개혁을 단행하고, 농어촌에
만연한 고리대금 정리를 시행했다. 박정희 정권이 내
건 것은 '국민 소득 1,000불'과 '전 국민 마이카 시대'
라는 장밋빛 전망이었지만, 지구상에서 가장 가난한
나라 중 하나인 대한민국에 누구도 그게 현실로 이루
어질 수 있다고 믿지는 않았다. 1962년 4월 국토건설단
을 만들어 30세 안팎의 청년들을 도로건설공사에 투입
했다. 이는 '하방下防'의 성격이 짙고, 낙후된 경제의 불
씨를 살려 후진국형 빈곤에서 벗어나려는 프로젝트의
시발이었다.

'고향'과 '가난'을 딛고 박정희의 독재 개발 정치가 막
날개를 펼치려던 그 시점에 나는 충청도 소읍의 황북
국민학교에서 거대 도시 한복판에 자리한 청운국민학
교로 전학했다. 청운국민학교는 학년마다 10개 반이
넘게 편성되어 있었다. 내가 6학년으로 올라갔을 때
13개 반이었고, 한 학급 구성원은 100명이 넘었다. 나

는 한 교실에 100명이 넘는 아이들이 만들어내는 소음에 귀가 먹먹한 채로 멀미를 느꼈다. 아마 낯선 환경에 대한 생리적 거부감이었을 것이다. 나보다 한 학년 위로 박정희 전 대통령의 '둘째 영애' 박근영이 다녔다. '스승의 날'에 육영수 여사가 학교를 방문해서 각 교실을 들러 교사에게 꽃다발을 주었다. 나는 충청도 사투리를 쓰는 몸집이 작고 얼굴이 새까만 사내아이였다. 나는 가난한 집의 5남매 중 장남이었다. 공부는 썩 잘하지는 못했지만 그럭저럭 따라갔다. 나는 책을 유달리 좋아하는 것 말고는 그다지 특징이 없는 아이였다. 나는 말이 없고 수줍음이 많은 소년 시절을 보냈다.

1960년대 서울의 서촌, 즉 청운동, 효자동, 옥인동, 누상동, 누하동, 신교동, 필운동, 사직동, 내자동, 내수동, 당주동 일대는 수많은 골목길을 품은 동네들이다. 서촌은 고층 건물들이 들어서기 전 고만고만한 한옥과 문화 주택들로 이루어진 고밀도 주택지였다. 크게 상가와 주거 지역들로 분할되는데, 주거 지역은 주로 한옥과 양옥들이 뒤섞여 있고, 아직 초가도 두어 채 남아있었다. 상가는 재래시장, 사진관, 전파사, 지물포, 건

재상, 정육점, 문방구, 과일가게, 잡화를 파는 가게들로 이루어져 있다. 대통령이 거주하는 청와대가 인근에 있었다. 그밖에 파출소나 동사무소 따위의 관공서와 청운국민학교, 국립 맹학교, 경복중고등학교, 청운중학교, 경기상업고등학교, 진명여자중고등학교, 배화여자중고등학교 같은 각급 학교들과 크고 작은 교회들이 몰려 있었다.

서울로 올라와서 산 첫 집은 인왕산 기슭에 자리한 달동네 판잣집이었다. 상하수도 시설도 없고 전기도 들어오지 않는 끔찍할 만큼 낙후된 동네였다. 겨울이면 황소바람이 들어와 윗목의 물그릇이 꽝꽝 얼었다. 그 뒤로 나는 숱한 집과 방을 전전하며 살았는데, 결혼하고도 월세방에서 전셋집으로, 단칸방에서 두 칸짜리 집으로, 한옥 문간방에서 단독 주택으로, 연립 주택에서 아파트로 옮겨 다녔다. 서울에서 몇 번이나 이사했는지 다 헤아릴 수조차 없다. 그 번잡하고 고달픈 이사를 30번쯤을 치러냈을까. 어쩌면 그보다 더 많을지도 모른다. 이사할 때마다 책과 세간살이를 묶고 풀기를 수없이 반복했다. 나는 현무암처럼 단단한 가난과 불

행을 묵묵히 견뎌내며 불혹을 넘어서고 이순의 문턱을
넘어섰다.

소음으로 넘친 세계에서 돌아와 쉴 수 있는 침묵의 정
수가 깃든 작은 방들, 숙면을 부르는 아늑한 침실, 빛
이 쏟아져 들어오는 복도와 부엌, 바람이 치거나 눈발
이 휘몰아치는 겨울의 싸늘한 밤에 머물 수 있는 밝고
따뜻한 거실. 좋은 삶은 좋은 집에서만 가능하다. 공간
에 대한 욕망이 내 안에 끈질기게 잠복해 있는 이유도
그 때문이다. 집은 우리 실존을 사회라는 기반에 착근
着根하게 만든다. 집 없이 떠도는 사람은 뿌리가 없다.
사회와의 매개 없이 정처 없이 떠돎, 실존 기반의 불안
정성으로 말미암아 집 없는 사람은 범죄에 무방비로
노출된다. 왜 범죄자에게 '주거 불명'이 많은가를 알
수가 있다. 건축가 르 코르뷔지에는 집의 기능을 이렇
게 정리한다. "첫째, 더위, 추위, 비, 도둑, 호기심 많은
사람들로부터 지켜주는 피난처. 둘째, 빛과 태양을 받
아들이는 그릇. 셋째, 조리, 일, 개인 생활에 적합한 몇
개의 작은 방." 집은 삶을 고스란히 담아내며 우리 존
재를 규정한다. 집은 사람의 운명을 키우는 인큐베이

터고, 꿈을 부화시키고 양육하는 둥지며, 노동으로 지친 몸을 쉬게 하는 요양소고, 곤경에 빠진 영혼을 치유하는 성소다. 집은 꿈과 욕망과 동경을 담아내고 길러낸다. 고요, 힘, 우아함이 깃들여야 하고, 숙면과 내면 생활의 풍요가 보장되는 집만이 불완전한 삶이 때때로 불러오는 불행을 견디고 치유하는 힘을 북돋워 준다. 어떤 집에서 살았느냐에 따라 사람의 인격과 정체성, 운명은 달라진다.

서울에 첫발을 디딘 시골 소년이 겪은 첫 문화 충격은 골목길이다. 나는 미로 같은 골목길에서 길을 잃을까 봐 두려웠다. 골목길이 초래한 강박증적 두려움을 떨쳐내기 위해서는 시간이 필요했다. 그 많던 서울의 골목길은 많이 사라졌다. 골목길은 추억의 공간이고 돌이킬 수 없는 상실의 공간이 되었다. 한 사회학자는 골목길의 의미를 이렇게 짚는다. "골목길은 고향이나 집이 환기하는 기원적 공간에 특유한 모성, 유년, 행복을 상기시킨다. 그러나 이와 동시에 노스탤지어와 결합된 골목길은 더 이상 생활 세계에 현존하는 환경이 아니라 '상실된 것' 혹은 '다시 회복할 수 없는 것'으로 나타난다. 골목길에 묻힌 삶은 과거의 것, 돌아갈 수 없는 지나간 삶이다."■ 주택 밀집지에 자연스럽게 생기는 골목길은 무엇보다도 아이들의 놀이 공간이다. 1960년대 서울의 골목길에는 아이들이 웃고 떠드는 소리가 끊이지 않았다. 아이들은 술래잡기, 말타기, 다방구, 자치기, 비석치기, 제기차기, 땅따먹기, 사방치기, 오재미놀이, 고무줄놀이, 찜뽕 같은 놀이를 즐겼다. 서울 서촌의 이 다정한 골목길이 도시 개발의 여파로 사라졌다. 골목길은 이웃의 소문과 이야기가 만들어지고 퍼져나가는 담론의 공간이고, '느림과 온정'의 이웃 공동체가 만들어지는 곳이다. 골목길이 사라지면 이것도 함께 사라진다. 사는 게 갈수록 강퍅하게 느껴지는 이유 중 하나가 골목길이 사라지는 현상과 무관하지 않다. 골목길이 사라지면 우리 기억 속 골목의 장소감은 희미해지며, 우리 삶에 풍부함을 부여하는 골목의 추억들도 없어지는 것이다.

■ 김홍중, 『사회학적 파상력』, 문학동네, 2016, 114쪽.

1967년 5월 10일, 청운국민학교 6학년 6반은 서울 근교 서오릉으로 봄 소풍을 갔다. 당시 담임은 입시 지도를 잘하는 거로 유명했다. 그래서였는지 6반은 과밀 학급이었다. 100명이 넘는 학생이 한 교실에서 공부했다. 남 학생과 여학생의 반을 따로 꾸렸다. 사진 속 남학생 대부분은 1955년생 베이비부머다. 이들은 황금만능과 경제제일의 이데올로기가 활개를 친 1960년대 속물과 졸부가 등장하는 사회를 거쳐 왔다. 이들은 가족 부양을 책임지는 한편 1970년대 산업 역군으로 나라의 경제 부흥에 일조하고, 1980년대 군부 독재를 넘어서서 자유민주주의를 쟁취하는 데 힘을 보탰다.

■

|||||

구로공단, 배호, 전태일

|||||

■

논산을 떠나 서울로 올라온 9세 때 서울시 구로구에 구
로공단이 만들어졌다. 1964년 5월 20일 한국수출산업
공단의 주도로 수출 산업을 위한 공단이 구로구에 조
성되면서 '구로공단'이 생겨났다. 농어민 출신들의 젊
은이들이 희망이 없는 농어촌을 떠나 서울로 올라와
날품팔이를 하거나 공단에 취직했는데, 그들은 하나
같이 "눈물도 한숨도 나 홀로 씹어 삼키며" 타향살이
의 설움을 감내했다. 이 구로공단은 박정희 시대의 유
산이다. 1970년대 후반 구로공단에는 시골에서 상경한
젊은이들 11만 명이 몰려들어 일을 했다. 제조업 생산

직 노동자들은 작업과 식사를 건물 안에서 해결한 탓에 햇빛을 보는 일이 드물었다. 1963년 중저음을 가진 신인 가수 배호1942~1971년는 〈두메산골〉이라는 노래가 실린 제1집 앨범을 펴냈다. 〈두메산골〉은 반야월이 작사하고, 김광빈이 작곡한 배호의 초기 노래 중 하나다.

산을 넘고 물을 건너 고향 찾아서

너보고 찾아왔네 두메나 산골

도라지 꽃피는 그날 맹서를 걸고 떠났지

산딸기 물에 흘러 떠나가도

두 번 다시 타향에 아니 가련다

풀피리 불며 불며 노래하면서 너와 살련다

혼을 넘어 재를 넘어 옛집을 찾아

물방아 찾아왔네 달뜨는 고향

새소리 정다운 그날 울면서 홀로 떠났지

구름은 흘러흘러 떠나가도

두 번 다시 타향에 아니 떠나리

수수밭 감자밭에 씨를 뿌리며 너와 살련다.

이 노래에서 '두메산골'은 목가적 고향이다. 두메산골은 "새소리 정다운 그날" 수많은 농어촌의 젊은이들이 서울로 취직자리를 찾아 떠나오며 등진 고향의 표상 공간이다. 서울 살이의 고달픔을 이기지 못하고 다시 귀향한 이가 제 마음에 다짐한 것은 다시는 타향에 가지 않으리라는 것, 그리고 "풀피리 불며 불며 노래하며" 혹은 "수수밭 감자밭에 씨를 뿌리며" 사랑하는 처자와 함께 살리라는 것이다. 배호의 중저음 목소리에 실린 노래 〈두메산골〉은 구로공단 등지에서 취업한 탈농자의 고달픔과 시름을 보듬으며 노스탤지어를 직격하는 노래였다.

배호의 뒤를 잇는 나훈아1947년~와 남진1946년~이 쌍벽을 이루고 오랫동안 최고 가수 지위를 누릴 수 있었던 것은 수많은 탈농자에게 감성과 취향을 적확하게 채워 주었기 때문이다. 나훈아와 남진은 1960년대 중반 앞서거니 뒤서거니 하며 지방에서 서울로 올라와 가수로 데뷔했다. 나훈아의 〈고향역〉, 〈천리길〉, 〈너와 나의 고향〉, 〈머나먼 고향〉이나 남진의 〈님과 함께〉, 〈울려고 내가 왔나〉 같은 노래는 탈농자의 향수를 자극하면서 이들 삶에 어린 애환과 고통을 두루 어루만져주었다. 1980년대 중반 구로공단은 중공업 산업 단지로 바뀌며 전체 면적의 절반 이상이 초고층 아파트형 공장이 들어섰다. 그 뒤 구로공단은 나라 안 산업 구조가 재편되면서 다시 제조업에서 출판, 영상, 방송 통신, 정보 서비스업으로 변해갔다. 1980년대 중반에는 노동 조건의 열악함에 항의하는 노동자들이 힘을 규합해 '구로동맹파업'이 일어났다. '구로공단'은 2000년대 들어 정부 주도로 IT 첨단 산업 단지로 육성되면서 '서울 디지털산업단지'로 그 이름이 바뀌었다.

많은 노동자가 최저 생계를 겨우 유지할 수 있는 저임금을 받으며 고된 노동에 시달렸다. 박정희 시대의 치적으로 내세우는 '한강의 기적'이란 1차 생산자들의 피와 땀 위에 세워진 바벨탑이다. 22세 청년 노동자 전태일 분신자살 사건이 터진 것은 1970년이다. 전태일 1948~1970년은 1965년 서울 평화시장에서 보조 일꾼으로 취업해서 나중에는 재단사로 일했다. 정규 교육 과정에서 내쳐진 청년 노동자는 틈틈이 근로기준법을 공부하며 자신의 힘으로 노동자의 인권 의식을 키웠다. 평화시장 노동자들은 철야 작업이 예사고, 먼지 구덩이 속에서 하루 15시간의 중노동에 시달린 탓에 위장병과 폐병에 걸린 사람이 다수였다. 특히 어린 여성 노동자들은 더 낮은 임금을 받으며 열악한 노동 현장에서 혹사당하고 있었던 것이다.

전태일이 평화시장 노동자의 근로 조건에 관심을 갖고 활동을 시작한 것은 1968년이다. 그해 말에 재단사 모임을 만들었다. 1970년 11월 13일 낮 1시, 평화시장에서 전태일은 평화시장 노동자들과 시위를 벌이려고 계획을 짰다. 그러나 경찰의 물리력에 의해 강제 해산을 당했다. 그대로 물러설 수는 없었다. 청년은 휘발유로 자신의 몸을 적시고 불을 붙여 항거했다. 청년의 몸에 불길이 붙어 3분쯤 타올랐다. 전태일은 그 와중에서 "근로기준법을 준수하라!", "우리는 기계가 아니다. 일요일은 쉬게 하라!"라고 절규했다. 그날 밤 10시, 전태일은 명동성모병원에서 조용히 눈을 감았다.

1948년 대구에서 태어난 전태일은 나보다 7살 연상이다. 전태일이 분신자살로 생을 마감한 1970년 나는

15세 소년이었다. 현실보다 더 좋은 교사는 없다. 전태일이 현실의 질곡 속에서 몸부림치고 있을 때 나는 한국 문학 전집들이나 읽으며 나른한 백일몽 속에 잠겨 시나 썼다. 솔직히 말하자면 그때 너무 어렸던 탓에 노동자 현실 따위에는 아무 관심이 없었고, 소외된 자의 인권 문제에 대해서도 무지했다. 인권 변호사 조영래는 인간과 사회의 모순과 부조리를 꿰어본 전태일의 일기와 수기를 바탕으로 『전태일 평전』을 썼다. 그 책을 뒤늦게 읽으며 우리 현실의 음습한 구석들에 대해 실감할 수 있었다. "여기서 그는 모든 인간이 용해되어 있는 상태를 꿈꾼다. 그것은 사람들이 서로에게 무관심한 외톨이로서, 다만 생존 경쟁의 냉혹한 질서 아래서 탐욕과 이해관계로 야합하고 있는 세상, 그리하여 '덩어리'가 존재하기 때문에 거기에 끼지 못하고 밀려나는 '부스러기' 인간이 존재할 수밖에 없는 그러한 사회가 아니라 서로가 서로의 인간적인 필요에 봉사하면서 참된 관심과 애정으로 결합하고 있는 이상 사회를 향한 꿈이었다."▪ '부스러기' 인간이라니! 나는 이 표현에 전율을 느꼈다, 내가 알 수 없는 현실 저편의 끔찍함이 모호하게나마 감지되었던 것이다. 알다시피 전태일은 노동자들이 부당하게 소외되고 희생되는 차별의 시대에 항거하며 그 제단에 자신을 송두리째 희생 제물로 바쳤다.

좋은 사회라면 구성원 누구도 차별받지 않고 존엄성이 짓밟혀서는 안 된다. 누구나 존중받고, 신성불가침의 존재로 환대받아야 한다. 우리는 타인의 환대 속에서 의미 있는 존재로 거듭난다. 우리가 의미 있는 존재가 되려면 먼저 있어야 할 사회적 자리를 부여받아야 한다. 그렇지 않을 때 우리의 존재는 사회에 뿌리를 내리지 못한 채 무의미하게 부유할 수밖에 없다. 마치 먼지나 부스러기같이 떠돌 때 우리는 실존적 의미의 고갈이라는 고통에 직면할 것이다. 좋은 사회란 단 한 사람도 차별받지 않고 환대받아야만 하지만 박정희 시대에는 그렇지를 못했다. 그때에는 불평등과 차별에 대해 항의하는 이들을 폭력으로 짓누르고 정보기관에 끌고 가서 고문하기 일쑤였다. 어두운 구름장 사이로 번

■ 조영래, 『전태일 평전』, 아름다운전태일, 2009년 신판 1쇄, 207쪽.

개가 치듯이 은폐되어 있던 부조리함과 비극이 마침내 터져 나온 게 전태일의 분신자살이다. 그의 분신자살은 온통 고도성장이라는 신화에 매몰되어 경제 성장이라는 한 목표에로 치닫던 한국 사회에 경종을 울리고, 노동자 인권에 대한 인식을 새롭게 되새기는 변곡점이 되었다.

■

|||||

'박정희'라는 표상

|||||

■

박정희[1917~1979]년는 1961년 5·16 군사쿠데타로 권력을
잡고 1979년 제 심복인 김재규 중앙정보부장이 쏜 총
탄을 맞고 죽기까지 18년 동안 이 나라를 다스렸다. 박
정희의 군부 독재 시대는 내 소년 시절부터 청년 시절
까지 겹쳐진다. 이 시대의 현실은 암담했고, 자유는 목
을 졸려 죽어버렸다. 우리의 자유는 짓밟히고, '우리의
아름다운 청춘 시대'는 사라졌다. 우리는 고교 시절 목
검을 들고 군사 훈련을 받았으며, 장발을 하거나 짧은
치마를 입을 수 있는 자유도 차압당했다. 겨우 통기타
와 청바지와 생맥주가 허용되었다. 그러니까 우리에게

허락된 것은 소비와 음주 문화가 전부였는데, 그것이 '청년 문화'라는 포장을 뒤집어쓰고 유행했다.

1971년 4월 27일, 박정희는 제7대 대통령 선거에서 94만여 표 차이로 새로운 대통령에 당선됐다. 그해 10월 15일, 교련 반대 시위 등을 진압하려고 서울 8개 대학에 무기 휴업령과 위수령을 발동하고, 두 달 뒤 12월 6일에 국가 비상사태를 선언했다. 1972년 7월 4일, 7·4 남북 공동 성명을 발표했다. 그해 경기상업고등학교 2학년이던 나는 교련 수업을 거부하며 버티다가 교사에게 무자비하게 구타당한 뒤 학교를 그만두었다. 나는 가방을 싸들고 울음을 삼키고 교문을 등지고 나오면서 다시는 제도 교육의 시스템에는 들어가지 않으리라 결심했다. 1970년대 일부 교사의 인습적 폭력과 인권 의식의 결락에 실망하고 분노하면서 제도 교육에서 자신을 자발적으로 추방한 셈이다. 나는 지금까지 제도 교육의 바깥에서 방외인으로 살아왔다. 내 앞에 놓인 미래가 무섭고 참담하고 위험하리라는 직감이 스쳤지만 미래는 미래의 일로써 감당해야 할 것이다. 미래를 앞당겨 걱정할 필요는 없었다. 그게 미래를 대하는 최선의 태도라고 여겼다. 나는 몇몇 대학에 초빙되어 대학교 강단에서 정식 학점을 주는 강의를 했지만, 고교 시절 교사의 폭력으로 생긴 트라우마는 내 안에 가장 끔찍한 불행으로 패어 있다.

1963년 대통령 선거에 나서며 박정희는 '민족적 민주주의와 가식적 자유민주주의의 대결'로 선거 프레임을 짰다. 서구 자유주의에 슬며시 '가식적'이라는 레테르를 붙여 그 가치를 폄훼하고, 공화당 정권을 '민족적 민주주의'로 그럴 듯하게 포장했지만 그가 말한 '민족적 민주주의'는 정치나 사상의 자유를 제한하는 반쪽짜리 민주주의에 지나지 않았다. 그는 장기 집권을 위해 '10월 유신'을 단행하고, 박정희 체제를 비판하는 등의 자유로운 정치 의사 표현을 강제적으로 봉쇄하는 초법적 긴급조치■를 잇달아 발령한다. 박정희 장기 집권을 위한 기획으로 나온 유신 체제의 폭압성 아래서 민주주의 정치는 질식하고, 언론 역시 족쇄가 채워져 체제 비판이 사라진 어용 매체들로 길들여졌다. '박정희'는 가부장적 독재자라는 표상으로 꿈속에서조차 우리 가슴을 군홧발로 짓눌렀다. 이 독재자 '아버지'가 살아 있는 한 우리는 악몽과 치욕의 시대를 떨쳐낼 수가 없었다. 의식이 살아 있는 젊은이는 누구나 이 시대가 절망과 굴욕과 수치라는 트라이앵글의 시대라는 사실을 모를 수가 없었다.

박정희 시대는 땅을 파헤치고 세워진 것들은 무너뜨리며 새로운 것들을 세워 올리는 시대였다. 김현옥 1926~1997년은 '불도저 시장'이란 별명을 가진 박정희 시대의 대표적인 인물이다. 그가 서울시장에 임명된 것은 1966년 4월 1일이다. 그는 진주에서 보통학교를 나온 뒤 진주농업학교의 사환으로 있다가 일제 말기 육군 지원병으로 전쟁터에 끌려갔다. 1945년 광복 뒤 돌아와서 국방경비대에서 직업 군인 생활을 시작했다. 1947년 국방경비대에 입대하여 1954년 7월에서 1955년

■ 한 백과사전은 이렇게 설명한다. "긴급조치는 박정희 전 대통령이 1972년 제정한 유신헌법 53조를 바탕으로 1호에서 9호까지 발령됐다. 박정희 정권은 법률적 효력을 부여한 긴급조치를 통해 국민의 자유와 권리를 정지시키고 군부 독재를 강화했다. 1974년 1월 8일 선포된 긴급조치 1호는 헌법을 부정·반대·왜곡·비방하는 행위와 이를 권유·선동·선전하거나 타인에게 알리는 언동을 금지했다. 긴급조치 2호는 긴급조치 위반 사건을 일반 법원이 아닌 군법회의에서 재판하도록 했다. 1974년 이후 긴급조치 1·3·4·9호 위반 혐의로 재판을 받은 사람만 589개 사건에 1,140명에 이른다. 9호까지 발동된 긴급조치는 1979년 10·26 사건으로 박 전 대통령이 사망하고 신군부의 주도로 1980년 10월 27일 헌법이 개정되면서 폐지됐다."

까지 육군수송감실차감으로 대령에 진급하고, 1955년 2월에서 1957년 3월까지 육군수송학교장을 지낸 뒤 제 1야전사 수송참모부장과 준장으로 진급한 뒤 육군 제 3항만사령관을 지냈다. 박정희를 따르는 군부 세력에 의한 5·16 군사쿠데타를 협력한 공으로 1962년 12월, 부산시장에 임명됐다. 김현옥이 서울시장에 오른 뒤로 아현 고가도로, 서울역 고가도로, 청계천을 복개한 뒤 청계 고가도로가 들어섰다. 남산 1호와 2호 터널, 삼 청터널, 사직터널을 뚫어 서울 시내 차량의 흐름을 빨 라지게 했다. 여의도에 제방을 쌓고 밤섬을 폭파하면 서 여의도 개발에 시동을 걸고, 강남 일대를 택지로 개 발하면서 강남 전성시대를 열어젖히는 계기를 만든 것 도 김현옥이다. 1970년 4월 8일 오전 8시 20분, 마포 와 우아파트가 붕괴되는 사고가 일어났다. 입주자 33명이 죽고 39명이 중경상을 당한 참사였는데, 김현옥은 이 와우아파트 붕괴 참사에 책임을 지며 서울시장직에서 물러났다.

박정희는 인간의 존엄과 인권에 대한 배려가 없는 나 쁜 군주였고, 정적들의 저항을 고문과 사형으로 가로

막은 흉악한 지도자였다. 인민혁명당 사건 관계자의 사형과 장준하 의문사가 그 대표적인 사례다. 박정희 시대에 대한 기억은 1968년에 제정된 '국민교육헌장'에 대한 나쁜 기억과 겹쳐진다. 그해 5월, 막강한 권력을 쥔 박정희는 '국민교육헌장'을 만들기 위해 어용 학자들을 모아 기초 위원과 심의 위원을 짰다. 나랏돈을 써가며 6개월에 걸쳐 '국민교육헌장' 초안을 마무리 짓고, 12월 5일에 박정희가 이것을 공식 선포하기에 이른다. 그 전문은 다음과 같다.

우리는 민족중흥의 역사적 사명을 띠고 이 땅에 태어났다. 조상의 빛난 얼을 오늘에 되살려 안으로 자주독립의 자세를 확립하고, 밖으로 인류 공영에 이바지할 때다. 이에 우리의 나아갈 바를 밝혀 교육의 지표로 삼는다. 성실한 마음과 튼튼한 몸으로 학문과 기술을 배우고 익히며, 타고난 저마다의 소질을 계발하고 우리의 처지를 약진의 발판으로 삼아 창조의 힘과 개척의 정신을 기른다. 공익과 질서를 앞세우며 능률과 실질을 숭상하고, 경애와 신의에 뿌리박은 상부상조의 전통을 이어받아 명랑하고 따뜻한 협동 정신을 북돋운다. 우리의 창의와 협력을 바탕으로 나라가 발전하며 나라의 융성이 나의 발전의 근본임을 깨달아 자유와 권리에 따르는 책임과 의무를 다하며, 스스로 국가 건설에 참여하고 봉사하는 국민정신을 드높인다.

반공 민주 정신에 투철한 애국 애족이 우리의 삶의 길이며, 자유세계의 이상을 실현하는 기반이다. 길이 후손에 물려줄 영광된 통일 조국의 앞날을 내다보며, 신념과 긍지를 지닌 근면한 국민으로서 민족의 슬기를 모아 줄기찬 노력으로 새 역사를 창조하자.

'국민교육헌장'이 나오던 해, 나는 13세에 불과했지만 처음 이것을 대하고 이상한 의문과 반발심 같은 게 치밀었다. 오줌을 눌 때도 '왜 이것을 강요하지?'라는 의문이 일어났다. "우리는 민족중흥의 역사적 사명을 띠고 이 땅에 태어났다."라는 첫 문장을 혼자 몇 번이나 되뇌었는데, 세상의 그 많은 모호함에 견줘 이 단호함은 낯설고 어색했다. 나이가 더 든 뒤 나는 '국민교육헌장'이 그 시작부터 터무니없는 사실을 담고 있음을 알았다. 이 땅에 태어난 누구도 이토록 거창한 사명과 뚜렷한 목적의식을 갖고 태어났을 리가 없다. 우리가 아무 사명이나 목적 따위 없이 태어났다는 게 지금까지 밝혀진 생물학적·인류학적 진실이다. 첫 전제가 잘못되었으니 그 나머지는 굳이 읽지 않아도 무지와 억지스러움의 집약임을 알 수 있다.

박정희 시대에 '자유교양협회'가 생기고 문고판으로 고전을 염가·대량 보급하며 '자유교양경시대회'라는 것을 열었다. 1972년에는 전국 학생의 67퍼센트나 되는 427만 명이 자유교양대회 예선에 참가했다.■ 그만큼 '자유교양경시대회'의 열기는 뜨거웠다. 이 '자유교양경시대회'는 일종의 고전 읽기 운동인데, 그것이 비자발적 국가 차원에서 관변 단체가 이끈 '고전 독서'와 '교양주의'를 진작하려는 독서 운동이란 점에서 한계가 뚜렷했다. 1975년까지 보급된 '고전'은 132종 800만 부에 이르고, 일곱 차례의 전국자유교양대회에 참가한 연인원은 대략 1900만 명에 달했다. 이것이 목적한 바는 "근대화 작업의 밑바탕으로서 주체성 확립"이다.

■ 권보드래·천정환, 앞의 책, 445쪽.

이 고전 읽기 운동을 이끈 이들은 고전 독서를 통해 확립된 주체성이 "민족중흥의 새 역사를 창초"할 기반이 되리라는 기대를 품었을 테다. 박정희 군부 독재 시대의 독서 운동은 '국민교육헌장'이 내세운 '민족중흥'을 위한 국민 의식 개조의 한 수단이었던 것이다. 이 독서 운동은 "개발 독재적이고 관료적인, 따라서 반교양적·반교육적 방식"■에 발목 잡혀 있는 것이기에 더 뻗어 나가지 못하고 어느 순간 거품처럼 사라졌다.

'국민교육헌장' 중간쯤에 배치된 "공익과 질서를 앞세우며 능률과 실질을 숭상하고, 경애와 신의에 뿌리박은 상부상조의 전통을 이어받아 명랑하고 따뜻한 협동 정신을 북돋운다."라는 대목에서 '국민교육헌장'을 제정한 목적을 노골화한다. 공익과 질서를 앞세운다는 말은 박정희 일당 독재 체제의 질서에 순응하라는 뜻 이상도 이하도 아니다. 그 다음 이어지는 문장은 초중고생을 세뇌시켜 능률과 실질을 떠받드는 노동 자원,

■ 권보드래·천정환, 앞의 책, 467쪽.

병력 자원, 납세 자원으로 키워내겠다는 다짐이다. 결국 '국민교육헌장'이 한 사람 한 사람의 개별적 의지나 개성을 무시한 채로 "반공 민주 정신에 투철한 애국 애족"하는 인간으로 획일화하려는 독재자의 야만스러운 음모임을 드러낸다.

이 조악한 문장으로 된 '국민교육헌장'은 일본의 메이지 천황 시대에 제정한 군국주의적 교육 칙어를 본뜬 것으로 일제 강점기 황군 출신의 박정희 아이디어에서 나온 군부 독재의 유산 중 하나다. 독재자가 초중고생에게 '국민교육헌장'을 달달 외우도록 강제하며 끔찍한 괴로움을 안겨주었다. 1960년대 말에서 1990년대 초에 초중고 학교를 다닌 세대는 예외 없이 '국민교육헌장'을 강요당했다. 물론 이것은 애국주의를 세뇌하기 위한 것이고, 박정희 독재 체제를 공고화하기 위한 전략의 하나였을 테다. '국민교육헌장'은 모든 베이비부머가 공유하는 나쁜 기억 중 하나다.

1960년대는 남북한 분단 시대에 남한에 숨어들어 활동한 '간첩'의 전성시대였다. '간첩'은 남북한 대립 체제 속에서 불가피하게 나온 대표적인 기표일 것이다. 간첩의 사회사를 쓸 만큼 해방 이후 남북 양쪽 체제에서 간첩 사건은 끊이지 않았다. "'간첩'은 일종의 숭고한 '경계인'이며 사상가다. 그러나 '간첩'은 가장 더럽고 치졸한 자에게 붙여지는 굴욕적인 이름이다."■ 간첩은 어느 체제에 속하든지 간에 그 체제 수호를 위해 목숨을 바칠 각오가 서 있는 '특수 임무 수행자'들로 분단 체제가 만든 가장 불행한 자의 이름이다. 간첩을 신고하면 엄청난 정부 포상금이 지급됐다. 박정희 정부는 '간첩 식별법'을 국민에게 널리 알렸다. "간첩은 '시간과 장소에 따라 맞지 않는 행동을 하는 수상한 사람'이다. 또한 '세수나 이발을 못해 얼굴이 더럽거나 사람을 만나면 당황하는 사람'이며 '자기의 본적지와 다른 사투리를 쓰는 사람'이다. '이유 없이 친절한 사람'도 상시 살펴야 한다. 역시 그는 '물건 값을 잘 모르는 사람'이며, 산 이름이나 동네 파출소나 상점 위치를 모르는 사람이다."■

■ 권보드래·천정환, 앞의 책, 173쪽.
■ 권보드래·천정환, 앞의 책, 192쪽.

이승만 독재 정권 시대에는 정적들이 '간첩'으로 조작되어 제거됐다. 반공을 국시로 내세운 박정희 유신 시대에는 더 많은 '간첩'이 조작됐는데, 이는 반공주의 체제를 강고하게 하기 위한 유력한 수단이었다. 그 대표적인 사례가 독일에서 활동하던 작곡가 윤이상1917~1995년, 파리에서 활동하던 화가 이응로1904~1989년 등이 연루된 1967년의 동백림 간첩단 사건이다. 1967년 7월 8일, 한국의 일간지 1면 머리기사로 「동백림을 거점으로 한 북괴 공작단 검거」라는 기사가 보도됐다. 헤겔 연구자 임석진의 방북 행위에 대한 자진 신고에서 촉발된 이 동백림 간첩단 사건은 유럽과 국내 관련자가 315명에 이르고, 65명이 구속됐다. 엉뚱하게도 시인 천상병1930~1993년이 여기에 끼어들어 중앙정보부에 끌려가 고문당하는 바람에 평생 생식 능력을 잃은 채 살다가 죽었다. 이 '간첩 소동'은 북한 체제에서도 다르지 않았다. 김일성은 북한 체제에서 권력을 장악하고 굳히는 과정에서 1953년 박헌영, 임화 등 남쪽에서 올라간 좌익 인사들을 대거 '미제의 간첩'으로 몰아 숙청했다.

시인 최승자1952년~는 1970년대를 "괴로움 외로움 그

리움"을 "내 청춘의 영원한 트라이앵글"이라고 노래
하며, "여기가 아닌 다른 곳으로 가고 싶다."라고 했
다. 최승자는 1971년 고려대학교 독어독문학과에 입학
해서 교지 『고대문화』의 편집장을 맡았는데, 자신도
모르는 이유로 블랙리스트에 올랐다가 고려대학교에
서 제적당해 쫓겨났다. 그의 상상 세계 속에서 박정희
는 '나쁜 아버지'의 표상이다. "짓밟기 잘하는 아버지
의 두 발이/들어와 내 몸에 말뚝 뿌리로 박히고/나는
감긴 철사줄 같은 잠에서 깨어나려 꿈틀거렸다/아버
지의 두 발바닥은 운명처럼 견고했다/나는 내 피의 튀
어 오르는 용수철로 싸웠다/잠의 잠 속에서도 싸우고
꿈의 꿈속에서도 싸웠다."■ 박정희라는 나쁜 아버지
는 악성 신화를 흩뿌리며 우리 삶의 뿌리를 악몽의 바
이러스로 감염시켜 썩게 만들었다. 1970년대 유신 체
제 아래에서 대학 생활을 겪은 최승자의 첫 번째 시집
『이 시대의 사랑』에는 죽음의 백일몽으로 가득 차 있
다. 이 끔찍한 죽음에 대한 예감은 "일찍이 절망의 골

■ 최승자, 「다시 태어나기 위하여」, 『이 시대의 사랑』, 문학과지성사, 1981.

수분자"였던 자의 삶을 부정하는 한 방식이겠지만 또한 그만큼 1970년대가 억울한 비명횡사로 얼룩진 죽음의 연대였음을 증언한다.

최승자에게 자유가 압살당한 유신 체제 아래서의 삶은 "아무것도 아닌" 것, "마른 빵에 핀 곰팡이", "오줌 자국", "천 년 전에 죽은 시체"로 산다는 뜻이었다. 시적 자아의 삶을 허용한 이 세계는 어쩌된 일인지 그 삶의 의미를 일궈내려는 모든 기획을 물거품으로 돌아가게 만든다. 이 세계는 사랑한다고 속삭인 뒤 등을 돌려버린 변심한 애인이다. 세상으로부터 버림받고, '나'도 그 버림받은 삶을 방기放棄한다. 의미의 일궈냄을 허락하지 않는, "썩을 일밖에 남지 않은" 세계에서의 살아있음은 "영원한 루머"에 지나지 않으며, 그때의 삶이란 "푹 젖은 휴지 조각"이며, 인생은 "퓨즈 타는 냄새"를 풍긴다.

■

‖‖‖

무대 위의 피에로

‖‖‖

■

60여 년을 돌이켜보니 내 인생은 한바탕 해프닝이라는
생각이 든다. 나는 인생이란 무대 위에서 맡은 배역을
연기한 피에로다. 이 배역은 누군가의 아들, 누군가의
남편, 누군가의 아버지고, 사회적으로는 누군가의 선
생, 누군가의 손님, 이웃집 아저씨, 그저 지나가는 낯
선 남성이었을 테다. 나는 다양한 자아라는 가면을 쓰
고 맡은 배역을 해내며 일상의 상호 작용에 참여했다.
이때 내 얼굴은 타인과 소통하는 데 필요한 자아 연출
을 위한 가면에 지나지 않는다. 그 가면이 타인을 속
이기 위한 것만은 아니다. 타자들에게 더 좋은 '나'를

드러내려고 노력하는 한에서 얼굴은 집합 표상collective representation이자 내면의 숨은 자아나 인격을 드러내는 무대다.

무엇보다도 나는 '먹는 인간'이다. 날마다 무언가를 먹으면서 생존을 유지해온 것이다. 밥과 국수, 고기와 과일 따위를 먹으며 육체 활동에 필요한 에너지를 보충했다. 나는 인류의 일원으로 온갖 죽은 동식물을 삼키고 소화하며 근대 문명이 만든 인간 중심주의와 자본주의를 뚫고 나왔다. 오감을 통해 세계를 보고, 만지고, 느끼고, 냄새를 맡고 살아오며 나는 더러는 울고 웃으며, 더러는 기뻐하고 분노하는 지구의 한 생명체인 것이다. 진화 생물학자에 따르면 "생물 종은 서로서로, 그리고 변화하는 환경과 무작위로 상호 작용하는 유전자 조합에 불과하다. 생물 종은 자기 운명을 스스로 통제할 수 없다."■ 인간은 다른 동물에 견줘 위대한가? 어쩌면 그럴지도 모른다. 하지만 생물학자 에드워

■ 존 그레이, 『하찮은 인간, 호모 라피엔스』, 김승진 옮김, 이후, 16쪽.

드 윌슨Edward Osborne Wilson이 말하는 '자기 의지적 진화'는 신기루인 것이다. 철학자 존 그레이John Gray는 인간이란 종에 대해 매우 부정적인 생각을 펼쳐낸다. "도덕은 인간만이 독특하게 갖고 있는 질병이며, 좋은 삶은 동물적 미덕을 갈고 닦는 삶이다. 우리의 동물적 본성에서 나오는 윤리는 따로 근거를 필요로 하지 않는다. 하지만 그 윤리는 우리의 상충하는 욕구들 사이에서 좌초한다."■ 인간이란 지구 생태계의 처지에서 보자면 "파종성 영장류 질환"을 퍼뜨리는 해로운 종種이다.

지구 생태계에 출현한 지 30만 년 동안 인류는 불, 바퀴, 문자, 자동차, 인터넷을 쓰고 이제는 게놈 지도를 해독하고 유전자 기술, 나노 기술, 인공 지능 기술을 생활에서 다양하게 활용한다. 하지만 인류는 여전히 우연으로 뭉쳐진 "지푸라기 개" 이상도 이하도 아니다. 인류 역사에서 구원자라고 주장하는 수만 명이 나타나는데, 그중 가장 유명한 이가 부처와 예수다. 그들

■ 존 그레이, 앞의 책, 154쪽.

이 냉혹한 인간들의 심성을 어루만지고 어느 정도의 불안을 잠재웠을지는 모르지만 구원했다는 증거는 희박하다. 부처는 제자 아난다Ananda에게 "구원이 존재한다고 말하는 자는 모두 노예다."라고 말했다. 동양의 철학자 노자老子가 말한바 "천지는 어질지 않으며 만물을 지푸라기 개와 같이 여긴다天地不仁 以萬物爲芻狗." 자연은 본디 거친 것이고 따라서 인간이 제 생명을 보존하며 살아가기에 녹록지 않다. 자연은 번개, 강풍, 폭풍우, 홍수, 화산, 해일, 산사태, 지진 등을 일으키고 독거미, 진드기, 말벌, 모기, 전갈, 상어, 뱀, 악어 등 숱한 대형 포식 동물을 품고 있다. 원시 자연을 대할 때 인간은 두려움을 느낀다. 만약 먼 행성에 지성을 가진 생명체가 꾸준히 관찰할 수 있었다면 나는 우스꽝스러운 괴물로 보였을 테다. 이 길들여지지 않고 사악하기조차 한 자연 속에서 인간은 나약한 미물에 지나지 않는다. 이 낯선 행성의 외계 생명체에 달린 두 손과 두 발과 머리와 안면에 뚫린 두 눈동자와 코와 입 따위는 얼마나 기이할 것인가!

1968년 청운국민학교를 졸업한 뒤 한동네의 청운중학

교로 진학했다. 중학교 입학식 직전인 1월 21일, 북한 무장 군인들이 청와대를 피습한 사건이 터졌다. 생포된 김신조를 포함한 북한의 특수 부대 요원들은 휴전선을 넘어 자하문을 거쳐 청와대 인근까지 침투해 경찰과 총격전을 벌였다. 그때 나는 시골의 외조모 댁에 머물며 뉴스를 통해 그 소식을 들었다. 청운동 인근에 사는 친구들은 총격전이 벌어지는 소리를 들었다고 증언했다. 1·21 사태 이후 청와대를 병풍처럼 두르고 있던 북악산은 출입 금지가 되었다. 북악산을 기어 올라가 계곡에서 가재를 잡고, 산딸기를 따먹었는데, 더는 그 즐거움을 누릴 수 없게 된 것이 안타까웠다.

이해 중학교 입시제가 전격 폐지됐다. 소련의 우주 비행사 유리 가가린Yurii Alekseevich Gagarin이 3월 27일에, 미국의 흑인 인권 운동가 마틴 루터 킹Martin Luther King이 4월 4일에 죽었다. 6월 6일 밤에는 시인 김수영1921~1968년이 종로에서 신구문화사 주간인 신동문, 소설가 이병주 등과 어울려 술을 마시고 귀가하던 중 버스에 치여 사망했다. 5월에 프랑스 파리에서 소르본대학교 학생의 시위를 기점으로 '5월 혁명'이 시작되고, 10월 12일부터 27일까지 멕시코시티에서 하계 올림픽이 열렸다. 우리나라는 선수 55명을 보냈는데 복싱 라이트 플라이급에서 지용주가 은메달을 따고 복싱 밴텀급에서 장순길이 동메달을 땄다. 이해에 일본 작가 가와바타 야스나리川端康成가 노벨 문학상을 받은 뒤 그의 대표작인 『설국』 등이 번역되어 나왔다.

나는 1968년에 국민학교를 졸업하고 중학교에 진학하는데, 중학교 입시를 치르기 전에 열 번쯤 배치 고사를 보았다. 1년 내내 입시 공부에 매달렸기에 배치 고사 성적은 기대를 크게 벗어나지 않을 만큼 나왔다. 그 시절 내 동급생 다수는 교과서를 두 벌씩 받아 한 권은 중요 부분을 검정 색연필로 지운 채 전문을 암기했다. 전 과목 교과를 통째로 외우는 무지막지한 방식으로 공부했다. 배치 고사 시험을 치르면 거의 만점을 받았는데, 그런 친구들이 한 반에 10~20명씩이나 나왔다. 배치 고사를 치른 뒤 과목별 점수, 총점, 평균, 석차가 매겨졌고, 그 기준으로 입시를 치를 중학교가 배정됐다. 지금도 대학 입학 수능 시험이 끝나면 그 성적에 따라 어느 대학 어느 과에 진학할 수 있는지 대학교 학과 명단들이 미디어를 통해 발표된다. 수능 점수에 따라 서열화된 대학교의 전공을 선택하면서 진학이 이루어지고, 대학교와 전공에 따라 미래의 소득과 지위 서열이 어느 정도 윤곽을 드러낸다. 12세 소년은 배치 고사라는 시험을 통해 한국 사회의 서열화 시스템에 들어가게 되었다. 나는 작고 허약했던 탓에 4점이나 배점된 체력장이 걸림돌이 되었다. 담임은 배치 고사 성적보다 낮은 용산중학교에 응시하라고 제안했지만 불운하게도 용산중학교는 그해 전국의 중학교 입시 경쟁이 가장 치열했고, 나는 낙방했다. 그 낙방은 내가 인생에서 맛본 무수한 실패의 첫머리에 놓이게 되었다.

한국 사회는 능력주의에 우선하는 학벌 사회이면서 동시에 서열 중심 사회다. 서열화는 사회 내부에서 지위 배분을 위한 통제 수단 중 하나다. 한국 사회 어디서나 심지어 우리 무의식에서도 서열 권력의 심리학이 작동한다. 한국 사회에서는 나이, 성적, 직급, 부의 정도에 따라 서열화가 이루어진다. 한국 사회가 이토록 굳건한 서열 사회를 유지한 것은 권위적 서열 관계를 중시하는 유교 이념을 따르면서 이것이 사회 내부의 질서로 고착되었기 때문이다. 서열과 학벌은 나누기 어려울 만큼 하나로 엉켜 있고, 이것은 사회 내에서 중요한 상징 자본으로 작동한다. "고위 공직자, 공사기업의 고위직 임원, 대학 교수 등 우리 사회에서 성공했다고 인정받는 직업들은 대부분 '명문' 학벌을 요구한다."▪ 학벌은 서열화를 결정하는 중요한 요소다. 학벌은 서열화 사회의 시스템을 움직이는 것 중 하나다. "학교나 직장, 가정 어디에나 서열이 있고, 서열이 높을수록 많은 혜택과 안락한 삶을 보장받는다. 이런 문화 속에서 사람 관계는 무의식적으로 위아래를 구분하고 권력자와 복종자로 맺어지는 권위주의와 비민주적 관행이 퍼져 있다."▪ 이 서열화를 결정하는 기준은 입학시험을 포함한 각종 시험이다. 특히 한국 사회에서 사법 고시, 행정 고시, 외무 고시 등은 신분 상승이라는 목적지로 향하는 고속 열차와 같다. 사법개혁위원회의 자료에 따르면, 사법 고시 경쟁이 가장 치열한 해는 1967년으로 경쟁률은 무려 564:1이고, 합격률은 0.18퍼센트였

▪ 이경숙, 『시험국민의 탄생』, 푸른역사, 2017, 144쪽.
▪ 이경숙, 앞의 책, 107쪽.

다. 2003년에는 최다 인원이 사법 고시에 응시했는데, 그해 집계한 응시 인원은 30,146명이었다. 2003년에서 2013년까지 사법 시험의 지원자는 26만 명에 달하고, 그중 전문대 졸업 이하의 학력자는 6.16퍼센트에 지나지 않았다.■ 출세하려면 시험을 잘 보라! 한국은 시험 공화국이다.

우리는 살면서 숱한 시험을 치렀다. 시험은 우리에게 시련을 안겨주고, 더러는 우리를 단련시키는 경험이다. 우리는 중학교와 고등학교 입학시험을 치르고, 사회에 나올 때 입사시험을 치렀다. 그 시험의 성적에 따라 우리는 다른 학교, 다른 회사에 배치되고 저마다 다른 형태의 삶을 분배받았다. 더 좋은 조건을 가진 삶을 위해서 더 좋은 시험 결과를 내놓아야 한다. 우리가 치른 시험의 본질은 우리의 인격과 무관한 지식의 양과 그 정확성에 대해 타자와 겨루는 일이다. "시험은 수명이 긴 지식이 행진하는 개선문이다. 공유된 기억, 우

■이경숙, 앞의 책, 138쪽 참조.

정, 적대 등 모든 것이 그 좁은 공간을 통과한다. 또한 시험은 우리에게 집단의 일부라는 경험을 일깨운다. 시험은 실존적 고독을 노출시키면서도 거의 언제나 집단으로 치러지기 때문이다."■ 우리가 겪은 각종 시험이 언제나 우리의 능력치를 공정하게 드러냈다고 보기는 힘들다. 그럼에도 그 시험들이 우리 삶의 형태를 빚는데 일정 부분 기여했음을 부정하기는 어렵다. 우리가 시험을 준비하며 암기했던 많은 지식은 시험이 끝나자마자 뇌에서 사라진다. 그 사실은 시험을 위해 쌓은 지식 대부분이 우리에게 깊이 스며들지 않았음과 우리 정체성을 빚는 데 그리 크게 중요하지 않았음을 반증한다.

어쨌든 나는 중학교 입학시험이 끝난 뒤 입시 지옥에서 해방되어 잘 먹고 잘 잔 탓인지 키가 한 뼘이나 훌쩍 컸다. 학교 뒷산에 아카시아꽃이 만개하고 그 향기가 바람결에 실려 교정으로 내려올 즈음 나는 학교 공

■ 로버트 롤런드 스미스, 『이토록 철학적인 순간』, 남경태 옮김, 웅진지식하우스, 2014, 89쪽.

부는 뒷전으로 하고 새로 사귄 벗들과 야구를 하고 공을 차는 재미에 푹 빠졌다. 다른 한편으로 미술 대회에 나가 처음으로 상을 타고, 미술부에 들어가 파스텔화와 수채화를 그리며 몰입의 기쁨을 누렸다. 이 시절은 생의 약동과 낙관주의 덕분에 가장 활기찬 시기로 기억할 만하다. 1969년 봄, 이광수의 「흙」, 「무정」, 「유정」, 「재생」 같은 소설들을 읽고, 김소월이나 윤동주 시집을 접하면서 시 비슷한 것을 끼적여서 학생 잡지 『학원』에 투고했다. 그게 뽑혀 실리며 『학원』에 계속 시를 투고하고, 그 시들이 활자화되는 기쁨을 누렸다. 그 당시 『학원』 말미에 실리는 '학원 문단'의 선자選者는 시인 고은이었다. 이듬해 1970년 초, '학원문학상'에 응모한 시 『바위』가 우수작 1석에 뽑혔다는 통지를 전보로 받았는데, 그때의 격렬한 기쁨은 이전에는 한 번도 겪지 못한 것이었다.

자하문 바깥 비탈은 온통 능금밭으로 능금꽃이 피는 봄날은 볼만했다. 세검정의 청정한 시내에는 일급수에서만 사는 피라미들이 노닐었다. 나는 햇빛이 환하게 들어오는 학교 도서관의 창가 자리에 앉아 책을 읽으며 자주 몽상에 빠졌다. 내 몽상의 가장 중요한 주제는 '인간이 불멸의 존재가 될 수 있을 것인가?'라는 점이었다. 내가 육신이라는 감옥에 갇힌 존재고, 육신은 쉽게 무너진다는 사실을 깨달았다. 죽음은 내 미래였지만 봄날의 눈부신 햇살과 나뭇잎의 살랑거림, 아카시아꽃의 방향芳香들, 그리고 먼 나라와 바다에 대한 동경에서 나는 어둠 속 별빛같이 뻗쳐오는 행복의 가능성을 엿보았다. 어쨌든 내가 가장 행복한 일이 읽고 쓰는 것이란 자각과 함께 '시인'의 운명을 희미하게나마 예감했다. 돌이켜보면 1968년은 내 인생에서 가장 화사하고 아름다운 시절이었다.

■

|||||

떠돌이의 시대

|||||

■

1970년대 중반 '르네상스'나 '필하모니' 같은 음악 감상실, 명동의 '티롤'이나 '전원' 같은 음악 다방을 드나들며 고전 음악에 심취했다. 백수이니 늘 시간은 넘쳐났다. 음악을 들으며 책을 읽거나 소설을 썼다. 1975년 여름, 나는 경희대학교 국어국문학과에 다니던 친구와 어울리며 중편 소설을 썼다. 400매 분량의 소설을 완성해서 이듬해 『세대』라는 월간지의 중편 소설 공모에 응모했으나 낙방했다. 돌이켜보면 소설의 기본조차 채 갖춰지지 않은 미숙하기 짝이 없는 작품이다. 심사 위원인 소설가 박태순은 내 작품에 대해 짤막한 몇 줄을 심사평에 언급했다. 과문한 탓에 그때 '피카레스크 소설'이라는 용어를 처음 들었다.

그 무렵 이제하 소설집 『초식』, 황석영 소설집 『객지』, 송영 소설집 『선생과 황태자』, 조해일 소설집 『아메리카』 등 젊은 작가들의 인상적인 첫 창작집들이 쏟아져 나왔는데 나는 그 책들을 끌어안고 읽으면서 혼이 떨리는 듯한 감명을 받았다. 기어코 작가가 되고 싶었으나 재능에 대한 회의는 깊었다. 중편 소설 공모에 떨어진 뒤 나는 문학을 한답시고 젊은 날을 무위도식하며 큰 자괴감에 빠져들었다. 공부하자! 영어를 공부하려고 종로의 한 어학원에 등록하고 새벽마다 강의를 들었다. 날마다 명륜동 집에서 종로의 어학원까지 걸어 다녔다. 그 무렵 덕수궁 안 미술관에서 〈피카소〉 전을 하고 있었는데, 그 앞을 지나다가 우연히 지인과 마주쳤다. 지인은 〈피카소〉 전을 관람한 뒤 나를 데리고 나가 기성복 한 벌을 사주었다. 내 차림새가 누추해서 측은해 보였던 모양이다.

나는 그의 권유로 시청 부근에 있던 무역 오퍼상에 취

직했다. 지인이 사장이고, 직원이 8명쯤 되는 작은 회사였다. 서울대학교 사회학과 교수인 송호근은 '이 시대 50대 인생 보고서'라는 부제를 달고 출간된 책에서 그 당시 오퍼상의 번성에 대해 이렇게 언급한다. "1970년대 중후반, 새로운 직종인 오퍼상이 번성했다. 가방에 서류 하나 넣고 외국 바이어들을 만나러 무조건 외국행 비행기를 탔고 유럽, 미국, 중동을 돌아다녔다. 주문서 하나 받아서 돌아오면 그것으로 작은 사업체 기반을 닦을 수 있던 시대였다. 외국 바이어의 주문장 하나면 수출입은행에서 주문 액수만큼의 사업 자금을 대부해주었다. 사업가들의 천국이었고, 고학력자들의 천국이었다."■ 오퍼상에서의 업무는 외국의 수입 업체로부터 신용장을 받고 수출할 물건을 컨테이너로 선적한 뒤 해운 회사에서 받은 선화증권을 은행에 제출하고 돈을 받아내는 일이었다. 신용장은 영문으로 되어 있고, 상업 송장이나 패킹 리스트 따위의 서류 역시 영문으로 작성되었다. 나는 영문 타자기를 꽤 빠르

■송호근, 앞의 책, 73~74쪽.

게 쳤고, 무역 영어를 할 수 있었기에 그 업무가 어렵지는 않았다. 수출하는 아이템은 주로 커피 머그, 맥주잔, 화분 따위였다. 화학 검사소에서 납 성분 유무 등의 화학 검사를 받고, 원산지 증명서도 받아야 했다. 처음 하는 일이었지만 곧 익숙해졌고, 월급은 밀리지 않았다. 나는 아무 불만 없이 2년쯤 그 회사를 다녔다. 회사를 다니면서도 책을 읽으며 꾸준히 습작했다. 가족 경영을 하던 오퍼상 내부에서 분쟁이 일어나 지인이 사장직에서 물러나면서 나 역시 회사에 사표를 내고 퇴직했다.

1978년 다시 한량으로 돌아온 나는 시립 도서관을 문턱이 닳도록 드나들며 니체Friedrich Wilhelm Nietzsche와 바슐라르Gaston Bachelard의 책들, 그리고 콜린 윌슨Colin Henry Wilson의 『아웃사이더』를 읽은 게 특히 기억에 남는다. 김현의 평론집 『사회와 윤리』와 『상상력과 인간』, 문학 계간지 『문학과지성』, 『창작과비평』, 『세계의문학』을 읽으며 글을 조금씩 써나갔다. 가을 무렵 평론 두 편을 완성했다. 그해 10월, 시립 도서관에서 끼적인 시와 문학 평론을 원고지에 적어 신춘문예에 응모한 뒤 12월 중순쯤 후배 2명과 함께 강원도 내륙 여행을 떠났다. 유화 물감이 든 화구 박스와 캔버스를 챙겨 중앙선 열차를 타고 영월, 정선, 사북, 예미 같은 탄광 지대의 소읍을 거쳤다. 간혹 구름이 낀 스산한 풍경을 스케치하거나 소읍 장터를 돌아다녔다.

12월 크리스마스 무렵 어떤 직감이 전두엽을 스쳤다. 후배와 떨어져 피곤한 몸을 이끈 채 혼자 기차를 타고 서울로 돌아왔다. 집에 오니 신문사 두 군데에서 보낸 신춘문예 당선 통지가 와 있었다. 신문사에서 인터뷰를 하고 사진을 찍으라고 재촉하는 전보가 두어 통이나 더 와 있었다. 나는 1979년 조선일보 신춘문예에 시 「날아라, 시간의 포충망에 붙잡힌 우울한 몽상이여」가 당선하고, 동아일보 신춘문예에는 「존재와 초월―정현종론」이 입선했다. 이는 내 인생에서 거둔 기억할 만한 성과 중 하나일 테다. 1979년 1월, 신춘문예 당선을 계기로 고려원이라는 출판사 편집부에 입사했다.

■

|||||

망각의 기억술

|||||

■

1980년 그해 나는 25세였다. 나는 젊었지만 인생의 많은 날을 산 느낌이었다. 나는 혼란 속에 있었다. "젊음은 혼란의 동맹군이다." ■ 많은 날을 살았건만 결코 단 하루도 살지 않은 느낌은 무엇인가? 많은 세월이 지나갔건만 또 다른 세월을 기다리고 있는 것은 왜인가? ■ 나는 1977년에 결혼하고 이듬해 첫째 아이가 태어나고, 1980년에 둘째 아이가 태어났다. 1980년에 나는 이미 아이가 둘이나 되는 가정을 꾸리고 있었다. 1979년 10월 26일, 박정희가 심복의 총을 맞고 죽은 뒤 나라의 미래는 안개가 자욱한 듯 불투명했다. 국무총리 최규하1919~2006년가 박정희의 유고로 대통령직이 궐위되자 그 직을 승계했다. 그러나 최규하가 전권을 장악한 것 같지는 않았다. 전두환1931년~ 보안사령관이 두드러졌지만 막후幕後의 권력은 오리무중이어서 누가 전권을 잡았는지는 알 수 없었다. 대학가에서는 연일 데모가 벌어졌다. 거리에는 늘 매캐한 최루탄 냄새가 자욱해서 눈이 따가웠다. 광주에서 무장 군인들이 나서서 데모대를 진압했다는 소문이 돌았다. 진압대로 출동한 공수 부대원들에 의한 민간인 살상이 있었다는 흉흉한 소문이 무성했지만 신문과 방송들은 침묵했다. 광주항쟁에 대한 보도는 통제되었고, 비공식 유인물을 통해서만 광주에서 벌어지는 도무지 믿기 힘든 단편적 사실들이 흘러나오는 형편이었다.

그 무렵 동아방송의 라디오 심야 프로그램에 출연 요

■ 크리스티안 생제르, 『우리 모두는 시간의 여행자이다』, 홍은주 옮김, 다른세상, 2012, 130쪽.
■ 이 구절은 세사르 바에호의 시 「오늘처럼 인생이 싫었던 날은 없다」에 나오는 두 구절에서 빌려 변주했다. "그리도 많이 살았건만 결코 살지 않았다니!/ 그리도 많은 세월이었건만 또 다른 세월이 기다린다니!" 세사르 바에호, 『오늘처럼 인생이 싫었던 날은』, 고혜선 옮김, 다산북스, 2017, 205쪽.

청을 받고 나갔다. 내 첫 방송 출현은 가수 윤형주가 진행하는 심야 프로그램이었다. 심야 프로그램인데 한 낮에 녹음하러 광화문에 있는 동아방송을 찾아갔다. 방송사 복도에 무장한 군인들이 지키고 서 있었다. 자 못 삼엄한 분위기 속에서 나는 의식이 짓눌리는 가운 데 '문학 작품 속에 나타난 생명의 존엄성'이라는 주제로 알베르 카뮈Albert Camus의 「페스트」와 박완서의 단편 소설 「그 가을의 사흘 동안」이라는 작품을 갖고 재미 없는 몇 마디를 주절거리고 돌아왔다. 생애 첫 방송 녹음을 끝내고 돌아오는 길에 나는 심한 무력감을 실감 했다. 그해 봄, 햇살은 따뜻하고, 여의도 윤중로에 벚 꽃이 피었다가 속절없이 졌다. 나는 모호한 모멸감과 우울 속에서 출판사에 출근했다가 일을 마치고 퇴근해 서 집으로 돌아왔다. 사는 게 재미없고, 무기력하고 평 범한 날들이 여전했다. 그해 12월, 12·12 사태를 겪으 며 전두환이 신군부를 이끄는 권력 실세라는 점이 더 욱 뚜렷해졌다.

나는 심한 무력감 속에 빠져들었다. 나는 두 아이를 둔 소시민 가장이고, 평범한 월급쟁이에 불과했다. 누군가 그 시절 "당신은 무엇을 했는가?"라고 따져 묻는다면 할 말이 없다. 나는 공동체를 위해 '아무것도' 하지 않았다. 이 '아무것도' 하지 않음은 무작위에 의한 작위다. 세월이 흘러 많은 기억은 유실되고, 많은 사실이 망각과 뒤섞이며 어렴풋할 뿐이다. 모든 기억은 감정을 동반한다. 개별자의 기억은 감정 상태에서 습득되고 굳어진다. 내 1980년 기억의 바탕을 이루는 감정은 무기력과 나르시시즘이다. 많은 부분이 지워지고 나는 단편적인 기억만 겨우 '망각의 기억술' 안에서 소환할 수 있을 뿐이다. 그런 기억의 빈곤 상태에 빠진 것은 기억의 많은 양이 응고화 과정에서 손상을 입었음을 불현듯 깨달았다. "응고화할 때 감정적으로 가장 자극적인 기억이 대개 가장 잘 기억된다. 하지만 감정이 너무 격렬하면 '불안'이나 '스트레스'라고 불리는 것이 조성되어 응고화가 돌이킬 수 없이 손상되기도 한다. 스트레스를 받는 동안 부신이 방출하는 코르티코이드가 혈류를 따라 해마에 도달해 응고화 과정에 관여하는 노르아드레날린성 시냅스와 다른 시냅스를 차단한다."■ 최근 패나 두터운 황석영1943년~ 의 자전『수인』을 단숨에 빨려들 듯 읽으며 놀란 것은 그 기억의 상세

함과 정확성 때문이다. 황석영은 1980년대 한가운데를 확고한 시대정신으로 꿰뚫고 나오면서 겪은 것들을 이 자전에서 감탄이 나올 만큼 상세하게 기록한다. 아마 그 시절에 대한 많은 기록을 갖고 있는지도 모른다. 또한 '불굴의 정신력'으로 어떤 상황에 대처한 사람은 그렇지 못한 사람에 비해 또렷한 기억을 갖는다. 그런 사람은 제 안의 불안과 스트레스를 통제하고 기억의 응고화를 방해하는 호르몬과 신경 전달 물질의 방출을 줄일 수 있다고 한다. 비교적 가벼운 단기적 망각은 주의력 집중이 흩어진 결과다. 또한 무기력과 나른함에 빠져 기억을 거머쥐는 편도핵이 처리하는 정서적 각성의 정도가 미약할 때 겪은 경험에 대한 기억은 빈곤해진다. 심장의 격동 속에서 더욱 선명한 기억이 형성되고 인출될 수 있다고 한다면 내 1980년대 기억의 빈곤함은 내가 심장이 뛰는 삶을 살지 못했다는 증거다.

1982년 프로 야구가 시작하고, 이듬해 프로 축구 리그

■ 이반 안토니오 이스쿠이에르두, 『망각의 기술』, 김영선 옮김, 심심, 2017, 107~108쪽.

도 출범했다. 대중의 눈과 귀가 프로 야구와 프로 축구에 쏠렸다. 이것은 대중의 관심을 정치에서 스포츠로 돌리려는 제5공화국 권력 내부에서 기획한 고도의 정치술이었을 테다. 1945년부터 37년 동안 존속된 통행금지가 1982년 1월 5일에 풀렸다. 1989년 1월 1일부터 국민 해외여행 전면 자유화의 시대도 열렸다. 정치적 자유가 억압되고 민주주의는 제한되었지만 다른 한편으로 덜 위험한 것들은 풀어주었다. 그러나 1980년대는 '서울의 봄', 전두환, 5월 광주항쟁으로 직조된 어둠의 연대다. 그 어둠과 싸운 '피의 연대' 혹은 '불의 연대'는 처절했다. 지금 자유민주주의는 그 불의 연대에 자기를 바쳐 싸운 사람들이 있었기 때문이다. 5·18 광주항쟁에 대한 내용은 최근 개정판2017년으로 나온 『죽음을 넘어 시대의 어둠을 넘어』를 읽기 바란다.

■

‖‖‖

그때는 맞고 지금은 틀리다?

‖‖‖

■

출판사 고려원에서 2년 조금 넘게 일했다. 직장 생활이 갑갑했고, 내 일을 하고 싶다는 열망이 커지자 미련 없이 사표를 던지고 나왔다. 하고 싶은 일 중 하나는 '니체 전집'을 새로 번역해서 출간하는 것이었다. 고려원에서 나올 때 받은 퇴직금에 서울대학교 총장을 지내신 이의 회고록 원고를 윤문하는 작업을 하며 받은 목돈을 보태 초기 창업 자금을 만들었다. 계획도 없이 종로3가의 건물 옥탑방을 출판사 사무실로 임대했다. 후배 1명이 출판사가 자리 잡을 때까지 무보수로 돕겠다고 나섰다. 출판사를 시작한 지 1년 뒤 펴낸 헤르만 헤세 Hermann Hesse 잠언록 『괴로움을 꿈꾸는 너희들이여』가 뜻밖에도 그해 비소설 베스트셀러 1위에 올랐다.

출판사를 13년 동안 운영했다. 내 30대를 통째로 바쳐 일했다. 운이 좋아 베스트셀러도 몇 권 내봤다. 강남 한복판에 사옥을 짓고, 출판사 직원이 30명이 넘어설 정도로 규모도 커졌다. 책을 600여 종이나 내놓고 남들 부러움을 살 만큼 성공했지만 그즈음 슬슬 출판사 경영에 대한 회의가 싹트고 있었다. 1992년 당시 연세대학교 교수인 마광수1951~2017년의 장편 소설 『즐거운 사라』를 펴내면서 표현의 자유와 외설 논쟁이 커졌다. 그 때문에 1992년 문화계가 소란스러웠다. 10월 29일 새벽, 나는 서울 대치동의 집으로 찾아온 검찰 수사관들에 의해 서울중앙지방검찰청 특수2부로 연행됐다. 서울지검 특수2부에 속한 김진태 검사의 방에는 마광수 교수도 끌려와 있었다. 이 필화 사건을 맡았던 김진태 검사는 승승장구해서 검찰총장을 지내고 검찰을 떠났다. 그날 저녁 8시, 마 교수와 나는 검찰 청사를 떠나 서울구치소에 수감됐다.

마 교수는 독방에 갇히고, 나는 간통, 사기, 도박, 마약 따위의 풍속 사범과 한방에 수감됐다. 풍속 사범이 수용된 방에 특이하게도 국가보안법으로 들어온 젊은 친구도 있었다. 서울구치소에 있는 두 달 동안 여러 계층의 사람들과 만났다. 그 무렵 임주리의 〈립스틱 짙게 부르고〉라는 노래가 유행했는데, 한방의 젊은 수감자가 그 노래를 곧잘 불렀다. 어느 비 오는 날 맞은편 사동에서 한 친구가 노래를 불러댔다. 미결수인지 기결수인지도 모르고 얼굴 한 번 본 적 없는 '가수'의 노래가 사동 전체에 울려 퍼졌다. 나는 "어머님은 된장국 끓여 밥상 위에 올려놓고/고기 잡는 아버지를 밤 새워 기다리신다."라는 그 노래를 애상에 젖은 채 들었다. 처음 듣는 노래였는데, 〈어부의 노래〉라는 곡이었다. 호송 버스에 나란히 앉게 된 마 교수는 독방에서 추위에 떤다고 말하며, 춥지 않느냐고 몇 번이나 물었다. 아마도 그는 몸의 추위보다 마음의 추위를 더 탔을지도 모른다.

『즐거운 사라』 필화 사건은 인생의 큰 변곡점이 되었다. 신문과 방송 등 매체에 이 필화 사건이 제법 크게 보도되고, 문단 일각에서 '표현의 자유'에 대한 억압이라고 공청회를 여는 등 여론전을 펴느라 분주했다. 변호인 측과 검찰 측이 감정인으로 내세운 소설가 하일지와 시인 민용태 씨 등이 한목소리로 『즐거운 사라』는 외설이 아니라고 검찰 논리를 정면에서 반박하는 감정서를 법원에 내놓았다. 검찰은 당혹에 빠졌지만 그것으로 구속을 막기에는 역부족이었다. 『즐거운 사라』를 두고 "반인륜적, 반도덕적 소설"로 그 안에 나오는 다양한 "변태와 엽기"적인 내용들에 충격을 받았다고 주장하는 이가 다수였다. 법원에 『즐거운 사라』를 '외설물'이라는 감정서를 제출한 당시 서울대학교 법학과 교수 안경환 씨와 소설가 이문열 씨가 대표적인 예다. 『즐거운 사라』가 다양한 성행위를 묘사한다는 사실을 부정하기는 어렵다. 하지만 작가는 온갖 허구적 상상을 다하고 그것을 창작품으로 빚어내는 사람이다. 사회가 금기하는 반인륜적이고 반도덕적인 내용이라 할지라도 작가는 그것을 기어코 쓰는 사람이다. 검찰 조사가 끝난 뒤 구속이 결정된 찰나 나는 담담해졌다. 출판은 사회적 행위다. 따라서 내 이름으로 내놓는 모든 출판물에 대해 나는 사회적 책임을 져야만 한다. 『즐거운 사라』 출판에 따른 사회적 비난과 법적 책임이 생긴다면 그것은 당연히 내가 감당할 몫이다.

이 사회의 구성원으로 살아가는 한 누구나 자기 행위 때문에 항상 유죄 선고의 가능성 속에 놓여 있다. '신체 구속'은 나와 사고 체계가 다른 사람들이 헌법을 다르게 다룰 수 있는 수많은 유죄 선고의 한 형태일 따름이다. 내 몸은 의심할 바 없이 내 것이지만 이것이 사회 속에 있을 때 "몸들을 위한 공간, 몸들이 남긴 궤적, 그들 사이에서 벌어지는 각종 만남과 우발적 사고들, 노동 환경에서 그들이 취하는 자리와 자세, '공동 조건'의 교환 및 무한한 변용"■의 대상이다. 내 몸이 사회화될 때 이것은 사적 소유의 범주를 훌쩍 벗어난다. 나는 한밤중 서울구치소의 입감 절차를 거쳐 한 사동에 수감됐다. 내 몸은 갇힌 몸이 되었다. 마 교수와 나는 서울구치소에서 61일을 보냈다. 법원을 오가며 검찰과 우리 사건의 변론을 맡은 한승헌 변호사 사이에

■ 장 뤽 낭시, 『코르푸스: 몸, 가장 멀리서 오는 지금 여기』, 김예령 옮김, 문학과지성사, 2012, 73쪽.

오가는 법리 논쟁을 지켜보았다. 결국 법원은 검찰 쪽 손을 들어주었다. 그해 12월 30일, 마 교수와 나는 똑같이 1심 재판부의 집행 유예 선고가 내려진 뒤 서울구치소에서 나올 수 있었다.

2017년 9월 5일 오후 2시쯤 파주출판도시 안 어느 카페에서 이 원고를 쓰던 중 전화를 받았다. 『한국일보』 문화부의 이윤주 기자였다. 몇 년 전 신작 시집을 내고 인터뷰를 한 계기로 안면을 트고 지낸 기자였는데, 마광수 교수가 자택인 아파트에서 사체로 발견됐다고 했다. 순간 아득해졌다. 심장이 쿵 내려앉았다. '올 것이 왔구나!'라는 느낌과 함께 이제는 아물어 딱지가 앉은 옛 상처 자리가 헤집어지면서 생살이 드러나는 것만큼 날카로운 아픔이 스쳐 갔다. 인생이 큰 커브를 그리면서 방향을 트는 큰 변곡점이 되었던 25년 전 그 '사건'을 떠올리지 않을 수 없었다. 이윤주 기자와의 통화가 끝나자마자 잇달아 두 신문사 문화부 기자에게서 연락이 왔다. 통화가 끝나자 또 다른 낯선 번호들이 잇달아 떴지만 받지 않았다. 나는 휴대 전화를 아예 꺼버리고 황망한 가운데 복잡해진 감정을 추스르려고 작업을 멈

춘 채 파주출판도시 안을 오래 산책했다. 마광수 교수
는 자택에서 스카프를 목에 매고 자살한 것으로 밝혀
졌다. 안타깝고 슬픈 일이었다.

다음 날 『중앙일보』 문화부 신준봉 차장의 요청으로
「솔직하고 자유롭던 영혼, 모든 인연 다 놓고 편히 쉬
소서」라는 추도사를 썼다. 오후 2시에 청탁받고 집에
들어가 신문사 마감 시간인 오후 6시에 맞춰 끝냈다.
추도사를 신문사로 보낸 뒤 저녁 식사를 하고, 밤 10시
쯤 택시를 불러 아내 박연준 시인과 서울 한남동의 순
천향대학병원 영안실에 차려진 마광수 교수의 빈소를
찾았다. 언론 매체에서는 빈소를 찾는 이가 없다고 했
는데, 의외로 문상객들이 북적거렸다. 빈소를 둘러보
았지만 문인은 거의 눈에 띄지 않았다. 정과리 연세대
학교 교수, 권성우, 김응교 숙명여자대학교 교수, 연세
대학교 출신으로 기형도의 친구인 소설가 김태연 씨
등이 내가 아는 사람들이었다. 나는 맥주 한 모금을 마
시고 자리를 지키고 있다가 자정쯤에 일어나 파주로
돌아왔다. 추도사는 2017년 9월 7일자 『중앙일보』 지
면에 실렸으며 다음과 같다.

마광수1951년 4월 14일~2017년 9월 5일 선생의 별세 소식이 갑자기 날아들었다. 날벼락 같은 부고訃告였다. 어제 오후, 낯선 번호로 전화가 걸려와 받으니 한 일간지 기자였다. 기자는 마 선생이 몇 분 전에 자택에서 사체로 발견되었다고 전했다. 전화를 끊으니 여러 매체에서 잇달아 연락이 왔다. 나는 휴대 전화를 꺼버렸다. 서울 동부이촌동 아파트에 경찰은 오후 1시 51분에 도착하고, 그는 주검으로 발견되었다. 유서가 나오고, 자살로 추정할 만한 죽음이었다. 아, 마 선생이 돌아가셨구나! 놀라움과 황망함이 한꺼번에 몰려왔다. 추스를 수 없는 슬픔이 덮쳐 의자에서 일어나는데 다리가 휘청거렸다.

마 선생은 지식 사회가 온통 마르크스 이념에 경도되던 1980년대 단독자로 성 담론을 들고 나왔다. 그는 독특한 유형의 천재였다. 그는 솔직하고 유쾌하고 명랑한 성정의 사람이었다. 그는 책과 본성이 둘이 아니라 하나인 사람이었다. 내가 경영하는 출판사에서 그의 초기 저작물들인 『마광수 문학론집』, 『상징시학』, 『심리주의 비평의 이해』를 펴내고, 1992년에 장편 소설 『즐거운 사라』를 펴냈다. 1992년 10월 29일, 마 선생과 출판사 대표인 나는 『즐거운 사라』 건으로 서울지검에서 조사를 받고 서울구치소에 수감되었다. 검찰 권력이 소설의 가치와 의미를 따지고 심판했다. 사문화된 법을 들이밀며 '음란 문서 제조와 반포'에 관한 법률 위반으로 유죄를 선고했다. 우리는 '공범'으로 포승줄에 묶이고 수갑을 찬 채 끌려다니다가 두 달 만에 집행 유예로 나왔다. 두 달 동안의 '옥살이'는 공개적 '망신 주기'에 지나지 않았지만 그 필화 사건은 마 선생과 내 인생에서 지울 수 없는 큰 변곡점이 되었다. 그는 연세대학교에서 쫓겨나고, 법정 싸움을 벌이며 해직과 복직을 반복했다. 나는 이듬해 출판사를 접었는데, 사업과 가정이 다 깊은 내상을 입고 풍비박산이 났다.

최근 마광수 선생은 건강이 안 좋고, 우울증 약을 처방받아 먹었다. 병고와 생활고와 외로움이라는 삼중고에 시달렸다. 연금을 받았지만 입주 가정부 월급을 주면 생활비가 빠듯했다. "책을 써도 낼 데가 없다!"라고 자주 하소연했다. 화랑 주인에게 그림을 팔아달라고 맡겼으나 불경기 탓에 잘 팔리지 않았다. 마 선생은 새 책을 내면 내게 꼬박꼬박 부쳐주었다. 그때마다 만나기를 청했으나 건강이 좋아지면 만나자고 미뤘다. 마 선생 목소리는 기진氣盡한 듯 땅으로 꺼져 들어갔다. 그의 건강이 염려되었으나 도울 방법이 없었다.

그는 누구보다도 앞서서 성 담론의 해방을 외쳤다. 그는 『소돔 120일』을 쓴 마르키 드 사드 후작이고, 『눈 이야기』를 쓴 조르주 바타유였다. 하지만 우리는 그를 "나는 야한 여자가 좋다."라고 외친 미치광이고, "장미여관으로 가자."라고 꼬드기는 사악한 유혹자며, 건전한 성 풍속을 해치는 사회 질서의 파괴자로 낙인찍었다. 그를 제1급 전염병균 보균자나 된 듯이 사회에서 격리하자고 한목소리로 외쳤다. 우리는 심약하고 고립된 한 예술가에게 저주를 퍼붓고 방자를 해 죽음에 이르게 했다. 한 시대의 아이콘이고 영웅이 될 수도 있었던 그를 우리 사회 전체가 공모해서 죽인 것이다.

이 죽음은 억울하고 분한 죽음이다. 앙토냉 아르토는 빈센트 반 고흐의 자살을 두고 '사회적 타살'이라고 했다. 마찬가지로 마 선생의 죽음도 자살의 형식을 빌렸지만 한 사회가 공모한 사회적 타살에 가깝다. 우리 모두는 그를 몰이해와 냉대 속에 오래 방치하고, 이 천재를 '변태'라고 몰아세웠으며, 죽음에 이르게 했다. 그를 향해 빗발치는 저주의 말들은 그의 뇌수를 쇠꼬챙이로 쑤시는 듯했을지도 모른다. 따돌림을 당하고 조리돌림을 당한 뼈에 사무친 외로움과 살을 저미는 절망을 우리가 어찌 다 헤아릴 수 있으랴!

한 번 핀 것은 지고, 온 것은 기어코 돌아간다. 그게 자연의 섭리다. 우리 목숨이 화사하다 한들 그 섭리를 넘어설 수는 없을 테다. 그러나 마 선생의 죽음은 너무 빨리, 억울하게 온 죽음이다. 솔직하고 자유로운 한 영혼의 죽음은 슬프고 안타깝다! 마광수 선생님, 서둘러 이승의 삶을 등지고 떠난 그곳은 얼마나 평화로운가요? 아침이면 누리에 금빛을 뿌리는 해가 뜨고, 저녁이면 누리의 빛들을 거두며 해가 지나요? 이제 바글거리는 생명마저 놓으셨으니, 이승의 좋은 인연과 나쁜 인연도 다 놓고, 고단한 영혼을 편히 쉬게 하소서! 당신 영전에 머리 숙이고 흰 국화꽃 한 송이를 바칩니다.

■

|||||

'읽는 인간'으로 산다는 것

|||||

■

나는 평생 '읽는 인간'으로 살아왔다. 내 독서 이력의
시작은 50년 전으로 거슬러 올라간다. 20대 초반 시립
도서관을 다니며 책을 읽었다. 그 시절 뭘 쓰고자 하는
욕망과 인식에의 욕망으로 불탔는데, 늘 한계와 지적
인 결핍으로 허덕거렸다. 책이 있는 곳이라면 지옥이
라도 마다하지 않았을 테다. 인생의 난제를 푸는 해답
을 책에서 구했다. 책으로 인간을 더 알게 되고, 타인
의 고통에 대한 공감 능력을 키웠다. 또한 유용한 지적
자본을 쌓은 것도 책을 통해서였다. 산다는 것은 곧 읽
는 일이다. 오늘의 나란 존재는 바로 그런 읽기를 통해

빚어진 것이다.

10대에는 널리 알려진 소설들을 읽었다. 여러 한국 문학 전집을 독파하며 문학 언어의 아름다움을 배우고, 아울러 피침자로 살아온 우리 정서와 무의식, 기질과 병리적 현상에 대한 이해와 함께 타인과의 공감 능력을 키웠다. 악은 사유의 무능에 깃들어 활개를 친다. 한나 아렌트Hannah Arendt가 1961년 예루살렘 법정에서 나치 하수인인 아돌프 아이히만Adolf Eichmann의 재판을 지켜보면서 깨달은 것도 그것이다. 아이히만의 말은 한결같이 공허하고 피상적이며 진부했다. 반면 문학과 그것을 이루는 단어들은 공허하고 판에 박힌 말에서 벗어나 현실을 선취한다. 문학 언어는 현실의 함의 속에서 깊어진 말, 새로 발견된 현실이다. "틈새, 구멍, 보이지 않는 사이로 무엇보다도 먼저 가장 멋진 형태로 들어가는 것이 단어기 때문이다. 삶에 관하여, 세상에 관하여 진정 궁금했던 것들도, 먼저 이 보이지 않는 틈새에서 나타나고, 무엇보다도 문학이 가장 먼저 발견한다."■ 20대에는 시립 도서관을 드나들며 문학에의 꿈을 키우며 시와 철학에 빠져들었다. 시와 철학의 언어에 내 삶의 고달픔을 겹쳐냈던 것이다. 아무래도 독서의 고갱이는 현실에서의 도피다. 독서는 현실의 괴로움과 난제에서 벗어나는 한 방편이다. 나는 무위도식하는 처지와 현실의 답답함에서 벗어나려고 책 속으로 도피했다.

젊음은 늘 불안을 동반한 혼란 그 자체였다. 고등학교를 중퇴하고 갈팡질팡하며 정규 교육에서 이탈한 사춘기 소년에게 어떤 미래가 있을지 가늠조차 할 수가 없었다. 나는 자유라는 형벌을 받고 음악 감상실 따위를 떠돌며 만난 친구들과 막걸리에 대취해 낯모를 이의 집에서 깨어나기도 했다. 그때마다 씁쓸한 자괴감을 되씹어야만 했다. 젊음을 낭비하며 지낸다는 부끄러움 속에서 이렇게 살아서는 안 된다는 자각이 단단해졌다. 넘치는 자유는 다른 한편으로 구속이다. 어쩌다가 국립 도서관이나 시립 도서관을 다니며 '고전'을 꾸역꾸역 읽을 수밖에 없었다. 고은 시집이나 김현 평

■ 오르한 파묵, 『다른 색들』, 이난아 옮김, 민음사, 2016, 175쪽.

론집, 김승옥과 최인호의 초기 단편 소설을 찾아 읽고, 엘리엇Thomas Stearns Eliot과 보들레르Charles Pierre Baudelaire와 발레리Paul Valery의 번역 시집이나 카프카Franz Kafka와 카뮈와 헤밍웨이Ernest Miller Hemingway의 소설을 읽으며 몽상에 빠지고, 니체와 바슐라르의 책을 읽었다. 시인 르네 샤르Rene Char는 "세상에 태어나 아무것도 뒤흔들지 않는 사람은 존경도 관대한 대접을 받을 자격도 없다."라고 했다지만 내 안에 무엇이 있어 세상을 흔들 수 있으랴!

나는 공단에 취업해서 잔업을 하거나 막노동판에서 노동한 경험이 없다. 육체노동을 감당하며 생계를 세우지 못한 것은 부끄러운 일이다. 백수로 시립 도서관과 음악 감상실 등지를 떠돌 때에도 책을 손에서 놓지 않았다. 왜 책에 그토록 탐닉했을까? 물론 책을 좋아했기 때문이다. 책을 읽을 때 내면의 잡다한 소음들이 잦아들며 깊은 고독에 빠져드는 것을 좋아했다. 책을 읽으며 고독한 평화 속으로 침잠했는데, 그 고독한 평화 속에서 내면의 소리에 귀를 기울였다. 어떤 책들은 재독rereading을 하고, 그 뒤로도 여러 번 읽었다. 처음 책을 읽을 때 "언어의 라비린스labyrinth, 즉 미로를 헤매듯 독서"를 하고, 두 번째 읽을 때는 "방향성을 지닌 탐구"를 하는데, 그것은 "무언가를 찾아 나서서 그것을 손에 넣고자 하는 행위로 전환"■하는 것이다. 결국 책 읽기는 내 생업의 한 부분이 되었다. 책 읽고 글 써서 번 돈으로 쌀을 사고, 아이들을 키우며, 세금과 공과금을 냈다. 좋아하는 일을 하면서 생계를 해결할 수 있다면 그보다 더 좋은 일은 없다.

솔직히 말하자면 친구와 어울려 술 마시고 노는 것보다 혼자 구석에 처박혀 책 읽는 즐거움이 더 컸다. 책을 읽을 때 모호하고 추상 형태로 머물던 인지認知는 더욱 또렷한 형태와 윤곽을 얻는다. 또한 책 읽기는 상상과 기억들을 확장하는 일면이 있다. 오르한 파묵Ferit Orhan Pamuk은 "독서는 또한 자기 자신이 심오한 일을 하고 있다는 착각을 하게 함으로써 우리를 행복하게 한다."■라고 말한다. 독서는 앎에의 기쁨을 주는 한편 독서 행위를 하는 자신이 '심오한 일'을 하고 있다는 착

■ 오에 겐자부로, 『읽는 인간』, 정수윤 옮김, 위즈덤하우스, 2015, 38쪽 참조.
■ 오르한 파묵, 앞의 책, 176쪽.

각을 불러일으켜 자기를 고양시키는 측면이 있다. 그 착각으로 우리는 행복해진다.

어쨌든 읽는 것을 좋아한 탓에 일종의 활자 중독 상태에 빠졌다. 책이 없다면 하다못해 전자 제품 설명서 따위라도 따져 읽을 지경이다. 많은 작가가 책을 좋아했다. 오르한 파묵, 오에 겐자부로大江健三郎, 움베르토 에코Umberto Eco, 보르헤스Jorge Luis Borges 같은 작가들은 다 소문난 독서광이었다. 이들의 공통점은 인생의 중요한 시기마다 책이 있었다는 점이다. 보르헤스는 이렇게 말한다. "우리의 도구들은, 인간이 만들어온 도구들은 단순히 손을 연장한 것일 뿐이니까요. 칼이 그렇고, 쟁기가 그렇죠. 망원경이나 현미경은 눈을 연장한 것이고요. 그러나 책의 경우 그보다 훨씬 많은 게 담겨 있어요. 책은 상상력의 연장이고 기억의 연장이에요."■ 책은 움베르토 에코의 말처럼 "새로운 형태의 기억 저장 장치"로 그 유용성을 획득했을 테다. 책은 인간 기

■ 호르헤 루이스 보르헤스·윌리스 반스톤, 『보르헤스의 말』, 서창렬 옮김, 마음산책, 2015, 122쪽.

억의 연장이다. 책은 기억을 연장함으로써 인류의 수명을 연장하는 효과가 있다. "책은 생명 보험이며, 불사不死를 위한 약간의 선금이다."■ 나는 책을 읽으며 기억을 연장하고 책을 읽지 않는 사람보다 여러 겹의 삶을 살 수 있었다. 또한 책을 통해 밥을 구하고 명예를 얻었다.

고려원 편집장을 거친 뒤 비교적 이른 나이인 20대 후반에 출판사를 등록하고 독립했다. 후배 1명을 데리고 시작한 출판사는 뜻밖에도 번창했다. 1980년대 정치 격동기에 운이 좋아 베스트셀러를 몇 종 내면서 돈도 벌었다. 강남 역삼동에 대지 200평을 사들여 사옥을 지었다. 우연히 부富를 일궜으나 오래 유지하지는 못했다. 1992년 10월 29일, 마광수 교수의 장편 소설『즐거운 사라』를 펴내고, 마광수 교수와 나는 서울지검에 끌려가 검찰 신문을 받은 뒤 구속됐다. 우리 죄목은 '음란 문서 제조와 반포'에 관한 법률 위반이다. 그해

■ 움베르토 에코, 『책으로 천년을 사는 방법』, 김운찬 옮김, 열린책들, 2009, 20쪽.

12월 30일, 지루한 법정 싸움 끝에 서울구치소에 수감된 지 61일 만에 집행 유예 선고를 받고 나왔다. 이듬해 출판사를 창업한 지 13년 만에 600여 종의 책을 내고 출판사 문을 닫았다. 출판사 문을 닫은 뒤 나는 전업 작가의 길로 방향을 바꿨다.

전세로 이곳저곳 떠돌다가 식솔을 끌고 경기도 안성 금광저수지 주변 고추밭 2,000여 평을 밀고 마사토를 쌓아 지대를 높여 전원주택을 짓고 들어앉았다. 2000년 여름, 금광농협에서 땅을 담보로 잡아 돈을 빌리고, 친구인 홍원표의 도움을 받아 조립식 경철골 구조의 집 두 채를 지었다. 한 채는 살림집으로, 다른 한 채는 서재로 썼다. 거기에서 노자의 『도덕경』과 『장자』와 『주역』 따위의 책을 읽었다. 그 사이 사들인 책이 3~4배쯤 늘었다. 시골로 내려갔을 때 생계 대책이 없었을 뿐더러 새 책을 사볼 형편도 안 되었다. 우연히 알게 된 한 기업체 대표가 조건 없이 달마다 책값 50만 원씩을 보내주겠다고 했다. 몇 년 동안 그 도움으로 책을 사 읽었다. 세상에는 이런 믿기 힘든 미담이 있다. 나는 24년째 남에게 밥을 빌지 않고 전업 작가로 돈을 벌며 꿋꿋하게 살아가고 있다.

전업 작가로 나서며 부지런히 책을 썼다. 어느덧 쓰고
펴낸 책 목록이 100권이지만 뭐, 요즘같이 책이 흔한
세태에 그것이 가문을 빛낼 영예도 아니겠다. 하지만
원고를 써서 책을 펴내 생계를 꾸려온 뿌듯함을 깡그
리 부정할 수는 없다. 책을 쓰려면 열정과 건강이 있어
야 하고, 원고를 책으로 내줄 출판사가 없다면 불가능
한 일이다. 어느 사이에 내 뇌는 '책 읽는 뇌'에서 '책
쓰는 뇌'로 바뀌었다. 내 뇌는 '책 쓰는 뇌', 즉 책을 미
친 듯이 집어삼키고 다시 그것을 토해내는 미친 뇌다.
새벽 4시 안팎으로 일어나 책을 읽거나 글을 쓴다. 날
마다 8시간 이상을 읽고 쓰는데, 그 시간의 충일감은
그 무엇과도 바꾸고 싶지 않을 만큼 행복한 것이다. 나
는 읽는다, 고로 나는 행복하다. 나는 책을 사들여 부
지런히 읽는다. '읽는 인간'이라는 운명을 후회하지 않
고 마음으로 받아들인다는 증거다.

■

|||||

늙는다는 것

|||||

■

한국의 베이비부머들은 장년기의 끝자락을 지나 노년기 초입으로 들어서는 중이다. 노화는 처음 겪는 낯선 경험이다. 베이비부머 세대는 노년기로 접어들며 어느덧 피부와 장기들에 노화 징후들이 서서히 나타나는 것이다. 노화는 신체적 둔감함과 몸의 이완 속에서 겪는 낯설고 당혹스런 경험이다. 젊음의 활력과 쾌락에서 멀어지며 늘어진 피부, 동맥 경화, 관절의 뻑뻑함, 기억의 유실과 망각들, 잦은 질병의 시기를 견뎌야 한다. 생물학적 기능의 저하가 시작되면 피부는 탄력을 잃고, 아무 필요도 없는 점들이 늘어나며, 혀의 미각 기능, 그리고 뇌의 기억력이 크게 떨어진다. 노년이 주는 환멸과 낙담에서 어떻게 벗어날 수 있을까. 뾰족한 수가 없다. 그 수모를 묵묵하게 견뎌내는 수밖에 없다. 노모가 만든 음식의 맛은 들쭉날쭉했다. 음식이 지나치게 짜거나 싱거웠던 까닭은 노모의 미각 기능이 쇠퇴되어 간을 맞추지 못해 벌어진 사태였다.

누구의 말마따나 "늙는다는 건 우주의 일"이다. 나이가 들면서 육체의 쇠퇴는 되돌릴 수 없게 되었다. 숙면 시간이 줄고, 예전에 견줘 활력도 크게 줄었다. 노화로 각종 질병에 취약해지면서 병상에서 보내는 시간이 길어진다. 노화의 가속화는 사망률을 점점 더 높이는 원인이 될 것이다. 늙어가면서 죽음에 대해 더 자주 사유하고, 태도도 달라진다. 분명한 것은 노화가 진행되면서 젊을 때보다 더 자주 체념한다는 사실이다. 나이 들어 지나치게 자기주장을 내세우면 '퇴영적 고집'이라고 따돌림을 당할까 두렵기 때문이다. "유행, 속물근성, 각종 주의, 아는 척 뻐기는 행위 따위를 거부하면서도 그저 어깨만 으쓱하며 체념하고 받아들이는 경향을 보이는 게 문화적으로 늙어가는 사람의 태도다."■

몇 년 전 10월, 강원도 오대산 월정사의 밤하늘에서 관측한 은행나무 가지에 다닥다닥 달린 열매같이 열린 별들! 2017년 여름, 오스트레일리아의 블루마운틴 유칼립투스 숲속에서 본 밤하늘에 펼쳐진 은하수와 별들! 북반구와 남반구의 무수한 별들 아래서 경이로울 정도로 생생한 3차원에 대한 실감 속에서 나는 아득해졌다. 이 3차원의 실감이란 두 눈으로 초점을 맞추는 양안시兩眼視와 시차視差에서 빚어진 것. 이 아득함은 시간의 운동과 흐름 속에서 얼핏 무한과 영원을 감지한 데서 비롯됐을 테다. 시간은 아주 먼 기원을 가졌다. 그 기원은 멀어서 사람의 능력으로는 맥락과 한계를 가늠할 수조차 없다. 인간은 그 먼 과거에서 와서 미래에 사라지는 존재다. 우리 실존이란 이 시간이 빚어낸 우연한 사건에 지나지 않는다. 나는 이 세계 속에서 하나가 아니라 편재遍在한다. 시인 메리 엘리자베스 프라이Mary Elizabeth Frye는 시 「내 무덤 앞에 서서 울지 말아요」에서 말한다. "나는 천 갈래로 나부끼는 바람이

■ 장 아메리, 『늙어감에 대하여』, 김희상 옮김, 돌베개, 2014, 135쪽.

며/다이아몬드처럼 반짝이는 눈이며/잘 익은 낱알에 드리워진 햇볕이며/대지를 부드럽게 적시는 가을비입니다." 태양을 타오르게 하는 수소 가스와 헬륨 가스가 유한 자원이듯이 우리에게 주어진 시간 역시 유한 자원이다. 먼 미래의 일이겠지만 태양은 유한 자원을 다 쓰고 난 뒤 태양풍으로 우주 속으로 사라진다. 우리도 우리의 시간을 다 쓴 뒤 아득한 우주 저편으로 사라질 것이다.

현대 과학에 따르면, 우리 생명은 무無에서 왔다. 태초는 무의 상태였을 테다. 이 무의 바탕에서 빛과 복사 에너지, 물질이 쏟아지는데, 이때 각종 원소와 수백만 개의 은하가 탄생했다. 이 태초가 137억 5,000만 전이었다는 사실을 밝혀낸 것도 과학자들이다. 우리 은하가 관측이 가능한 우주에 흩어져 있는 4,000억 개의 은하 중 하나라는 사실은 이제는 상식이 되어버렸다. "우주에서 중력으로 뭉친 가장 큰 천체는 초은하단supercluster이다. 이것은 수천 개의 은하로 이루어진 초대형 천체로서, 폭이 수천만 광년에 이른다. 우리 은하도 처녀자리 초은하단virgo supercluster에 속해 있으며, 지구는 그 중심에서 무려 6,000만 광년이나 떨어져 있다."■ 지구 최초의 생명은 35억 년 전에 나타났고, 인간은 자연 선택을 거치면서 30만 년쯤 출현했다. 그동안 지구 생태계에는 수많은 생명체가 나타났다가 죽어갔다. 생명을 갖고 태어나 번식하는 모든 개체는 단 하나의 예외도 없이 죽음에 이르게 되어 있다. 35억 년이 흐르는 동안 생명 개체뿐 아니라 수많은 생명 종 자체가 사라졌다.

우리 수명은 대개 태어나는 순간에 결정된다. 수명을 결정하는 요소는 복잡한데, "출생 당시 부모의 나이, 건강 상태, 흡연 여부, 멀티 비타민 복용 여부, 음주 여부, 사회적·경제적 지위, 체질량 지수, 성별, 인종" 같은 것들이 작용한다.■ 베이비부머 중 일부는 이미 암이나 사고로 세상을 떴다. 나이를 먹을수록 각종 암의 발생률은 커지고 그게 우리를 죽음으로 몰아가는 주요 원인이 될 것이다. 의학적 통계는 암 유병률이 나

■ 로렌스 크라우스, 『무로부터의 우주』, 박병철 옮김, 승산, 2013, 71쪽.
■ 조너선 실버타운, 『늙는다는 건 우주의 일』, 노승영 옮김, 서해문집, 2016, 206쪽.

이가 더 들수록 높아진다고 말한다. 우리는 세포 손상, 감염, 노화 때문에 죽지만 종종 세포 분열이 진행될 때 복제 오류나 돌연변이 때문에 죽지 않는 세포가 생기는데, 이것이 암이다. 암은 이론으로만 보자면 죽지 않고 무한 증식하는 세포 돌연변이다. 의학이 말하는 바에 따르면, 암은 다세포 생물들의 피할 수 없는 숙명이다. "모든 암은 장수가 '빠른 세포 분열의 무차별적 힘에 맞서 지켜내야 하는 위태로운 성취'임을 무자비하게 상기시킨다. 암 발생 위험은 동물의 다세포성과 이로 인한 수명 연장의 대가다."■ 아직 살아남은 베이비부머는 애초 건강한 유전자를 받고 태어난 데다 암이나 알츠하이머 같은 질병, 그리고 예기치 않은 재난을 용케 피한 행운 덕택이다. 살아남은 것은 강했기 때문이 아니라 여러 행운이 겹친 탓이다.

보통 활력이 넘치던 시기는 20대 후반에서 30대 중반까지다. 그 시기에 나는 출판사를 운영했다. 일에 집중

■ 조너선 실버타운, 앞의 책, 42쪽.

하려면 체력이 뒷받침되어야 한다는 걸 깨닫고 나는 수영장에 찾아가서 수영을 배웠다. 1980년대 중반 출판사 근처 풀장에 나가 수영했다. 물속에 들어가면 풀장을 30번이나 40번씩 쉬지 않고 오가는 장거리 수영을 했다. 숨이 턱에 닿을 때까지 팔을 뻗어 물을 끌어당기고 킥을 하면서 수영했다. 수영을 끝내면 몸이 날아가는 듯 가벼웠다. 수영하면서 팔다리와 가슴과 어깨 근육이 두터워졌다. 나는 수영만 한 것은 아니다. 아침마다 줄넘기를 1,000회씩 하고, 날마다 한강을 끼고 7, 8킬로미터를 뛰었다. 그 덕분에 근육의 양은 충분하고, 신체 건강은 더할 수 없이 좋았다. 늦은 시각까지 사무실에서 일을 처리하고, 퇴근한 뒤 술 약속이 이어졌지만 하루쯤 숙면을 취하면 몸은 거뜬했다.

이제 나는 젊지 않다. 생애의 남은 시간은 점점 줄어든다. 영국 시인 딜런 토마스Dylan Thomas의 "녹색 도화선을 통해 꽃을 몰아내는 힘이／나의 녹색 일생도 몰아내고, 나무뿌리를 폭파하는 힘이／또한 나의 파괴자."라는 시를 떠올린다. 시간은 꽃을 피게 하고 시들게 하는 원인이다. 시간은 나를 창조하고 나를 파괴하는 힘이다. 인간은 시간 속에서 유산소 호흡을 하는데, 이 유산소 호흡은 "악마와 맺은 계약"이다. 결국 우리가 죽는 것은 유산소 호흡을 하기 때문이다. "유산소 호흡이 없으면 아예 살 수가 없지만, 유산소 호흡을 하면서 영원히 살 수는 없다. 생명의 불에 열량을 태울 때마다 스스로를 화장火葬하는 장작을 태우는 셈이다."■ 우리의 시간은 하나가 아니라 여럿이며, 저마다의 시간은 속도가 다르지만 시간이 과거에서 와서 현재에 머물지 않고 미래를 향해 흘러간다는 점에서는 똑같다. 우리는 늘 이미 한 일과 해야 할 일들 사이에서 허둥거린다. 우리는 시간이라는 주인이 부리는 노예일 뿐이다. 내 '바쁨'은 시간이라는 주인이 공의롭지 않은 악덕한 존재기 때문이다. "우리는 '미결' 서류함과 '기결' 서류함 사이의 한 치 공간에 붙들린 작고 겁 많은 존재가 된다. 움직이는 현재와 자유로운 미래에 관해 고통의 환상을 품을 수 있지만, 우리는 과거를 청소하느라 삶의 대부분을 보

■ 조너선 실버타운, 앞의 책, 175쪽.

냈다. 맡은 일을 계속하고, 잘못을 바로잡고, 기대에 부응하고, 미뤄뒀던 일들을 훔쳐내느라 바쁘다."■ 베이비부머 중에서도 장수 유전자를 갖고 태어난 이들은 오래 살 것이다. 우리는 태어나기 전에 장수 유전자를 가진 부모를 선택할 수는 없다. 태어나보니 우리 부모와 두 집안 모두 장수 유전자를 가졌다! 그렇다면 당신은 드문 행운을 거머쥔 것일 테다.

유산소 호흡을 하며 세포를 분열하는 한 노화와 죽음은 피할 수 없는 숙명이다. 세포가 분열할 때마다 염색체 양 끝의 텔로미어telomere는 짧아진다. 나이를 먹어 늙어갈수록 이 텔로미어가 점점 짧아지다가 이것이 다 닳으면 세포 분열은 멈춘다. "텔로미어가 다 닳는 시점이 찾아오며, 이때가 되면 세포는 분열 능력을 잃고 복제 노쇠replicative senescence라는 상태"■에 이르면 노화와 죽음이 찾아온다. 이 텔로미어가 아무리 써도 닳지 않는다면 불사의 존재가 될 테지만 그런 일은 없다. 나는

■ 로버트 그루딘, 『당신의 시간을 위한 철학』, 오숙은 옮김, 경당, 2015, 66쪽.
■ 조너선 실버타운, 앞의 책, 201쪽.

해가 지는 '늙음의 강변'에 서서 저 멀리 강의 시작, 그 발원지 방향으로 눈길을 돌린다. 아, 내게도 젊음이 있었는데, 어느덧 나는 늙었구나! 이 늙음이란 내가 갈망한 것이 아니기에 다소 억울한 느낌이 든다. 늙음은 현대 첨단 의학도 손쓸 수 없는 불치병이다. 노화와 죽음을 피할 수 없다면 그것을 받아들여야 한다. 노화와 죽음의 그림자에 겁먹지 말자. 영원히 살 것처럼 생각하고, 내일 죽을 것처럼 살자! ■

□

‖‖‖

2부

|

베이비부머의 고백

‖‖‖

□

■

‖‖‖

J의 경우

‖‖‖

■

내 이름은 J고, 1955년생이다. 오스트레일리아 시드니로 이민 와서 산 지 30년쯤 되었다. 그동안 한국과 시드니에서 여러 직장을 거치며 살다가 지금은 현업에서 은퇴했다. 몇 년 전 아들을 결혼시키고 아내와 둘이 여행을 다니며 한가롭게 노후를 보내고 있다. 지금은 요양 병원nursing home에 일주일에 사흘 나가 일하면서 받는 주급과 정부 연금을 받아 생활한다. 집도 있고, 사는데 필요한 만큼 돈이 들어온다. 고등학교 동창인 작가 장석주가 시드니에 와서 45년 만에 조우했다. 그가 권유해 내 삶의 자취를 돌아보게 되었다.

나는 군인이던 아버지와 일본에서 귀국한 어머니 사이에서 태어났다. 태어난 곳은 부산이고 3세 때 서울로 올라왔다. 어머니는 일본에서 나고 자란 분이라 일본인이나 다름없었다. 일본에서 간호전문대학을 졸업했는데, 한글을 읽고 쓰지 못했다. 내가 국민학교를 들어갈 즈음 한글을 익혔다. 어머니는 외조부 때문에 돌아온 한국의 낯선 환경에 적응하지 못해 늘 불행해 보였다. 중학교 2학년 때 가족이 미국으로 이민을 가기로 하고 준비를 마쳤다. 영화배우 최은희는 아버지와 고종 사촌 지간이었는데, 그녀 남편인 신상옥 감독의 '신필름'에 돈을 댔다가(영화 제작에 쓴다는 명목으로 빌려간 돈이 수십억 원에 이른다고 했다.) 한 푼도 돌려받지 못해 이민을 포기했다. 유명 영화배우를 친척으로 둔 덕분에 나는 아역 배우로 영화 몇 편을 찍었지만 우리 집안의 운명은 거기서부터 꼬였다고 할 수 있다.

이민 바람이 들어 학업을 놓은 터라 성적이 바닥을 쳤다. 겨우 정신을 차려 경기상업고등학교에 시험을 보고 들어가 졸업했다. 그 뒤 숭실대학교 전산과에 입학했는데, 공부는 뒷전이고 나이트클럽에 드나들고 싸움

질이나 했다. 1학기 성적표가 나왔는데 평점이 0.4였다. 휴학하니 바로 영장이 나와 군대에 갔다. 서울 출신에다 대학물 먹은 놈이라고 상급자들이 막무가내로 두드려 팼다. 강원도 7사단 최전방에서 30개월을 복무하고 제대했다. 1978년 11월, 대학을 복학하지 않은 채 대한항공에 전산직으로 들어가 컴퓨터 오퍼레이터로 일했다. 대한항공에 10개월을 다녔는데, 사고를 치고 퇴직했다. 한국 사회에서는 대학 졸업장이 필요하다는 생각이 들어 숭실대학교 전산과에 복학해서 학업을 마쳤다. 그 뒤 두서너 군데 회사에서 전산직으로 일했다. 해외 근무를 나갈 기회가 생겨 사우디아라비아 알바틴이라는 곳으로 파견을 나갔다. 해외에서 14개월 동안 근무하다가 귀국했는데, 웬일인지 한국에 사는 게 답답했다. 부자와 가난한 자의 양극화도 심하고, 군부 독재 정치도 싫고, 동사무소나 구청의 말단 공무원조차 '갑질'을 해대는 것도 짜증이 났다.

1988년 1월 10일, 오스트레일리아로 이민을 왔다. 오스트레일리아에 와서 공부를 더 하려고 의과대학이나 법과대학의 입학을 알아봤다. 오스트레일리아에서는 대학에 들어가려면 대학 수능 시험인 HSC^{High School Certificate} 를 봐야 했다. IELTS^{International English Language Testing System} 시험 을 치러 울런공대학교^{University of Wollongong}와 맥쿼리대학교 Macquarie University에서 입학 허가서를 받았지만 마땅치 않 아 포기했다. 1989년 1월, 아메리칸 익스프레스에 프로 그래머^{Analyst Programmer}로 입사했다. 거기서 일하다가 돈 을 더 준다는 은행^{WESTPAC Bank}으로 직장을 옮겼다. 은행 에서 일하면서 영어 스트레스를 심하게 받았고, 원어 민과의 경쟁도 점점 더 부담스러웠다. 내 사업을 일구 고 싶어서 사표를 냈다. 그 사이 아내는 기술전문대학 TAEE에 들어가 4년 코스를 마치고 미용실을 꾸렸다. 나 는 미용실 운영을 도우며 계약직으로 컴퓨터 전산 일 을 했다. 프리랜서로 일하는데 일감이 끊이지 않았다. 아내의 미용실도, 내 프리랜서 일도 잘 풀려서 금세 안 정됐다.

2000년쯤 더 좋은 집을 사고 돈도 더 벌려는 충동에 주 식 투자에 뛰어들었다. 자신만만하게 시작한 주식 투 자에 실패하면서 그동안 모은 돈을 잃었다. 돈을 잃고 나서야 돈에 욕심을 부린 것에 대해 때늦은 후회를 했다. 내 안에 욕심을 비우니 마음이 편해졌다. 지금은 시드니에서 그럭저럭 안정된 생활을 한다. 요양 병원에서 한 주에 사흘 일하고 받는 주급과 별도로 나오는 연금이면 우리 부부가 사는 데 부족함이 없다. 살아온 날들을 돌아보니 큰 과오도 없고, 대단한 업적도 없다. 30대에 한국을 떠나 오스트레일리아로 이민을 온 것이 내 인생의 변곡점이 된 것은 분명하다. 가끔 '한국에서 계속 살았더라면 내 인생이 어떻게 되었을까?'라는 상상을 해본다. 여러 경우를 상상해보지만 아무래도 오스트레일리아 이민은 내 인생의 좋은 선택 중 하나라는 생각이 든다.

■

|||||

내 삶의 궤적

|||||

■

나는 1955년 서울에서 태어났다. 베이비부머 첫 세대
다. 우리는 전쟁과 불가분의 관계에 놓인 세대지만 전
쟁의 참화는 직접 겪지 않은 첫 세대다. 내 생은 동족
상잔의 비극이 낳은 전쟁의 트라우마에서 출발했다.
1953년에 휴전이 협정되고 그 트라우마를 잊으려고 젊
은 부부들이 섹스에 몰두했을지도 모른다. 베이비부머
에게는 부족함이 과잉을 불러오는 시대적 배경이 있
다. 나는 초등 교육을 의무 교육으로 받은 첫 세대인
동시에 시험을 치르고 중고교에 입학한 마지막 세대
다. 우리 세대는 피폐한 경제 상황에서 생존에 급급했

던 부모의 보살핌을 받지 못하고, 또래의 유대 관계에서 큰 영향을 받았다. 나 역시 또래와의 끈끈한 정서적 유대 속에서 유년기와 청소년기를 보냈다.

미군이 동네 골목에서 지프에 가득 넣고 온 휘발유를 팔아먹을 때 건네주던 껌이나 초콜릿을 받은 일이 있기에 눈치 빠르게 "기브 미 초콜릿"을 외쳐댔다. 이런 시대에도 열성 부모들은 자식 교육에 모든 걸 쏟아부었다. 장남은 가난해도 국민학교 시절부터 과외 공부를 시켰다. 나는 셋째 아들로 태어난 탓에 이 혜택을 받지 못했다. 전쟁의 폐허에서 단기간에 경제 성장을 이룰 수 있었던 것은 지도자가 뛰어나서가 아니라 장남을 우대하고 교육열을 장려하는 유교 사상 덕분일 것이다.

유년기를 보낸 서울 종로구 누상동에는 일본인이 쓰던 적산 가옥과 한옥이 뒤섞여 있었다. 한국마사회에서 함께 근무한 일본인이 아버지에게 주택 명의를 넘기고 철수했다. 그 바람에 우리는 화장실이 실내에 있는 일본식 가옥에서 살 수 있었다. 과부인 할머니와 혼인한 아버지의 형제들, 사촌들까지 3대가 바글거렸다. 미취학 아동에서 고등학생까지 아이들이 들끓었던 터라 집 안에서는 크고 작은 사고가 끊이지 않았다. 이런 혼거 생활은 내가 국민학교 4학년이 되던 해에 끝났다. 친조부 동생이 죽고 난 뒤 벌어진 재산 싸움이 그 원인이었다. 서울고등학교가 있던 예전 서대문 일대에는 석조물 작업장들이 터를 잡고 있었다. 홍제동에는 공동묘지가 있었다. 슬하에 자식이 없던 숙조부는 서대문에 많은 땅을 가진 부자였다. 형님 아들 중 셋째인 내 부친을 입양해 키우시다가 아버지가 본가로 돌아가자 어디서 남자아이를 데려다 호적에 올렸다. 그 양자와 아버지 형제간에 유산 소송이 벌어지고, 아버지 형제들은 소송에 패소하는 바람에 길바닥에 나앉았다.

누상동을 떠나 사직동으로 이사했다. 한창 사직터널 공사를 하던 때였다. 지붕이 길바닥보다 낮은 한옥의 방 한 칸이었다. 여섯 식구가 방 한 칸에 다 기거할 수 없었다. 고등학교 2학년인 큰형은 친구 집으로 더부살이를 가고, 나는 식구들 발치께에 모로 누워 잠을 잤다. 흙냄새가 피어오르는 벽을 마주하면 서러웠다. 공부는커녕 작은 몸뚱이 하나 둘 자리조차 마땅치 않았다. 작은형이 겉돌고, 나 역시 밖으로 싸돌아다녔다. 그 당시 사직단이 있는 사직공원은 우범 지역이었다. 폭력 조직 간에 도끼나 쇠파이프를 휘두르는 싸움이 벌어졌다. 우리의 궁핍한 살림은 좀체 나아질 기미가 없었다. 서울사범대학 부속고등학교를 다니던 큰형은 재수와 삼수를 거쳐 대학에 들어가 입주 과외 선생을 하며 학교를 다녔다. 중동중학교에 들어간 작은형은 자주 말썽을 부렸다. 아버지 월급으로는 대학생과 중고등학생인 자식들 학비를 감당하지 못했다. 어머니는 월말마다 달러 빚을 얻으러 다녔다. 아버지는 청각 장애가 있었는데, 우리나라에는 보청기가 없어서 한국마사회 지인이 일본을 다녀올 때에 보청기를 구해 왔다. 보청기는 고장이 나면 일본으로 보내 수리해야만 했다.

나는 청운중학교에 입학했으나 동네에는 학교를 다니지 않는 친구가 더 많았다. 나는 그들과 어울려 담배나 펴대다가 정신을 차려보니 3학년 1학기가 지나 있었다. 고등학교에 진학하지 못할까 봐 겁이 났다. 우선

암기로 때울 수 있는 과목의 교과서를 무조건 외웠다. 조바심이 극에 달해 11월에는 아예 사직도서관에 틀어박혀 종일 암기 과목과 싸웠다. 수학은 포기하고, 영어는 진도가 나가지 않았다. 두 달째 학교를 빠졌으나 담임은 내게 관심이 없었다. 나는 애초 인문계 고등학교로 진학할 의향이 없었다. 큰형은 삼수해도 뒷바라지를 해주고, 작은형은 재수해서 유한공업고등학교에 들어갔으나 자퇴하고 빈둥댔다. 나와는 다섯 살 터울이 지는 막내가 외동딸이어서 나까지 신경을 쓸 겨를이 없었다.

담임이 경기상업고등학교에 원서를 내겠냐고 물어 고개를 끄덕이자 원서를 써줬다. 경기상업고등학교 합격자 명단을 확인하고 눈물이 핑 돌았다. 집에 오니 아버지가 울고 계셨다. 책들을 정리하다가 책갈피에 숨겨둔 성적표를 보셨던 것이다. 처음으로 본 아버지의 눈물이었다. 자신의 무관심과 방임 때문에 아들을 망쳤다는 회한의 눈물인지는 알 길이 없었다. 나는 아버지에게 경기상업고등학교의 시험에 합격한 사실을 알리고 그동안의 사정을 털어놓았다.

고등학교에 진학한 뒤 동네 친구와는 거리를 뒀다. 하지만 여전히 노는 데 정신이 팔려 공부는 또 뒷전이 됐다. 수업이 끝나면 친구 자취방으로 달려갔다. 고등학교 2학년 때 큰형은 학생군사교육단ROTC 장교로 입대하고, 우리는 사직동에서 세검정으로 이사했다. 세검정은 사직동과는 환경이 딴판이었다. 1970년대 초 세검정은 시골같이 조용했다. 나는 청소년의 일탈에 대한 논고를 써서 교지에 게재했다. 난생 처음 글을 써서 발표한 것이다. 고교 시절 이미 '문청'이던 동기 동창 장석주는 교지에 단편 소설을 게재했다. 그 단편 소설이 유독 기억나는 것은 수준이 기성 작가들에 견줘 뒤지지 않아 충격을 주었기 때문이다.

고등학교 3학년 2학기 때 담임에게 촌지를 주고 동기 2명과 제지 회사에 취업했다. 담임은 학기 초부터 지독히도 나를 때렸다. 그 반감은 몸속에 잔류하는 농약처럼 나이를 먹어도 나를 힘들게 한다. 나는 당시 허허벌판이던 창동공장으로 발령이 났다. 그 제지 회사는 보세 종이를 다루는 골판지 회사였는데, 그 넓은 공장 바닥에 도색 잡지 낱장들이 바람에 날리던 광경을 보고 놀랐다. 여공들은 젊었으나 사무직 직원들은 나이가 많았다. 40세가 넘어도 직위가 주임인 사람이 많았다. 그들이 종일 보는 업무를 나는 반나절 만에 끝냈다. 일을 끝낸 뒤 종이 선별부에 가서 만화책을 보거나 온전한 도색 잡지를 찾았다. 수입지는 파쇄해서 컨테이너에 실려 왔다. 간혹 온전한 잡지도 끼어들어 왔는데, 그것을 밖으로 반출하는 것은 조세법에 저촉됐다. 그런데 청계천에서는 그런 잡지들이 공공연하게 거래됐다.

일이 손에 익자 월말 정산을 할 때마다 보름 이상이 걸리는 회사의 업무 방식이 못마땅했다. 나는 보고서 양식을 바꿔 날마다 매출액을 도표로 정리하고, 월말에 새 양식에 맞춰 월말 집계를 해서 본사로 보냈다. 이틀 만에 월말 보고서가 올라오자 본사 회계과장이 누가 보고서를 만들었는지 공장장에게 알아본 모양이다. 그게 잘못이었다. 유능하다고 포상을 받기는커녕 새 업무를 덤터기 썼다. 수십 년 동안 누적된 고정 자산 목록과 장부상 금액이 차이 나는 원인을 찾아 바로 맞추라는 지시가 떨어졌다. 그 일은 업무차장에게 하달되 있는데, 결국 내 몫이 되었다. 12월 내내 야근하며 고정 자산의 취득 가격을 장부와 대조해가며 누락되거나 차이가 나는 부분, 감가 상각 착오, 수치 오류를 일일이 찾아서 장부 가액과 맞췄다. 고정 자산 총금액의 앞자리와 끝자리 숫자는 지금도 기억이 난다. 앞자리 31억과 끝자리 23전이다. 육군 중령 출신으로 사위 덕에 예편하고 재취업을 한 업무차장이 새 장부를 가지고 본사로 올라갔다. 몇 년 해묵은 난제가 해결되니 본사에서 포상과 포상금이 내려왔다. 당연히 있어야 할 포상자 명단에 내 이름이 없었다. 업무차장이 포상금을 독식하고, 포상은 담당 과장과 계장이 나눠 가졌다. 1974년 1월 12일, 고등학교 졸업을 한 달 앞둔 나는 사표를 냈다. 내 직속 상사인 남 과장이 몇 차례 집으로 찾아와 출근을 종용했지만 나가지 않았다.

고등학교를 졸업하고 병역 신체검사를 받았다. 나는 몸무게가 47킬로그램이었다. 체중 미달로 판정 보류 대상이 되었는데, 군의관이 며칠 굶었냐고 물어 굶지 않았다고 대답했다가 따귀를 맞았다. 나는 군의관에게 욕하며 대들었다. 그 덕분에 보충역 대신 현역 3급이라는 판정 도장이 찍힌 서류를 들고 나왔다. 입대 전까지 백수 생활을 했다. 낮에는 소설을 읽거나 잠을 자고, 밤에는 숫자에 밝다고 집주인을 따라다니며 도박판에서 도리짓고땡 패를 돌렸다. 집주인이 따면 용돈을 쥐어주었다. 통금이 해제되면 청진동에서 선지 해장국을 먹고 귀가했다. 6개월쯤 지나 도박장에 경찰이 들이닥치면서 그 생활도 끝이 났다. 경찰이 군용 담요 위 판돈을 둘둘 말아 가져가고 도박은 눈감아 준 것이다. 첫사랑과 이별하고, 친구와 고고 춤을 추러 간 미드나이트클럽에서 새 애인을 만났다.

군 복무 3년 동안 불가항력적인 폭력 앞에서 무기력했는데, 그 기간에 철이 없었던 학창 시절의 폭력을 반성했다. 제대한 뒤 취업하기 위해 여러 곳에 원서를 내고 시험을 봤다. 가장 먼저 합격자를 발표한 증권 회사에 들어갔다. 면접 때 다른 상업고등학교 출신에게는 부기나 직무와 관련된 질문을 했지만, 내게는 엉뚱하게 애인이 있냐고 물었다. 떨어진 줄 알았는데 뜻밖의 합격 통보를 받고 신체검사를 받으러 갔더니 주산 7급을 갖고 따졌다. 나와 동명이인인 친구는 삼촌이 증권대

체결제 회사 임원이고, 진학반 후배는 아버지가 국장급 공무원이었다. 증권 회사가 신입 사원을 업무 능력보다 영업에 도움이 되는 조건을 보고 뽑는 걸 나중에 알았다. 셋 다 인물이 반반한 축에 들었다. 증권 회사에 입사한 지 1년이 지난 1980년 애인이 집으로 들어왔다. 단칸방마저 세를 얻을 돈이 없어 11평짜리 집에서 부모님, 작은형, 여동생과 신혼 생활을 했다. 검정고시를 보고 홍익대학교 미술대학에 들어간 작은형보다 내가 먼저 결혼을 했다.

그 당시 신혼부부는 제주도로 신혼여행을 갔는데 우리는 축의금으로 고속버스 암표를 사서 강릉으로 떠났다. 두 싱글 침대가 놓인 군 휴양소에서 첫날밤을 지냈다. 무남독녀인 아내가 신혼 첫날부터 서럽게 울었다. 1년 뒤 딸을 낳고 3년 뒤 아들이 생겼다. 아들은 신생아 중환자실에서 사경을 헤매다가 겨우 살아났다. 그해 장인과 아버지가 동시에 암 수술을 받았다. 아내는 산후 조리도 못한 채 병원 세 군데를 무거운 발걸음으로 순례했다. 시집살이를 하는 아내가 딱해 짐을 싸 처가로 들어갔다. 처가에서 여의도까지 출퇴근하는데 하

루 5시간 넘게 허비했다. 병을 달고 사는 허약한 몸이
견디기에는 너무 고달픈 출퇴근이었다.

한 푼이라도 더 벌려면 진급해야만 했다. 진급 시험에
서 1등을 했으나 사장 조카를 위해 인사과에서 진급 시
험을 진급 자격 시험으로 바꿔버렸다. 나는 그 불의를
보고도 사표를 낼 용기가 없었다. 처자식을 먹여 살리
는 게 목숨보다 엄중했다. 사장과 면담했다가 도리어
밉보여 3년 동안 진급에서 배제됐다. 이때 당한 수모로
이직하겠다는 결심이 생겼다. 휴일마다 국립 도서관
에 가서 상장사 자료를 찾아보며 공부했다. 나만의 투
자 원칙을 정립하고 기업 자료를 단골 고객에게 제공
했다. 고객이 늘자 영업 실적도 높아졌다. 고객이 다른
고객을 물어왔다. 나는 30대 초반에 청각 장애자가 되
었다. 증권 영업은 말이 전부인데, 청각 장애가 가로막
았다. 다행히 성실성과 노력을 인정한 고객이 이탈하
지 않았다. 자본 시장이 열리고, 방직 계열의 소형 증
권 회사가 대기업 계열사로 합병됐다. 월급이 올라 봉
급 순위 상위 5퍼센트 안에 들어가고 회사는 상장됐다.
우리사주를 받으면서 억대가 넘는 돈이 들어왔다.

두 번째 위기가 찾아왔다. 1980년대 민주화 운동으로 얻은 직선제 선거가 위기의 빌미가 될 거라고는 상상조차 하지 못했다. 명동은 연일 시위로 매운 최루탄 입자가 공중에 떠돌았다. 내 눈물샘이 마를 날이 없었다. 점심시간에 시위대 뒤에서 구호를 외치거나 명동성당 담장을 넘은 학생에게 용돈을 찔러주는 것으로 민주화에 일조한다는 자기만족에 빠졌다. 요행으로 가난에서 벗어나자 기고만장했다. 1987년 대통령 선거를 앞두고 주식이 폭락장으로 돌아섰다. 대신증권에서 대량 매도 주문이 쏟아진 날 이상한 소문이 돌았다. 강남 일대에 입주한 가정부들 사이에 "김대중 선생님이 당선되면 그 집이 자기 소유가 된다."라는 루머가 돌았다. 대신증권은 호남 계열의 대형 증권 회사다. 호남 투자자들이 김대중 후보를 위해 주식을 처분한다고 했다. 사회 분위기가 심상치 않았다. 증시는 연일 하종가를 이어갔다.

다급하게 전화벨이 울렸다. 나를 찾았다. 모 상호신용금고 주식담보대출 담당 이사였다. 내 고객 중 비품을 수입해서 호텔에 납품하는 사람이 있었는데, 배포가 큰 그가 제 능력보다 너무 크게 욕심을 부렸다. 12억을 가져와 주식을 매입하고 다시 그 주식을 담보로 신용 금고에서 대출을 받았다. 그 돈마저 미수를 걸어 한 종목에 풀 배팅을 했다. 폭락 장세에서 담보 부족 사태로 계좌가 마이너스 계좌가 되었다. 12억이 사라지고 4억 원이 미상환으로 남았다. 대출 담당 이사가 반대 매매를 통해 대출금을 회수하고 미회수분은 고객 자산을 처분해 채운다는 계약서를 들이밀고 내게 연대 보증을 강요했다. 고객의 추가 담보 제안마저 내 연대 보증이 없으면 받아들일 수 없다고 버텼다. 며칠을 말도 못하고 혼자 버티다가 아내에게 숨기고 서류에 연대 배서를 했다.

피를 말리는 날들이 계속됐다. 대통령 선거 당일 나는 양심을 배반하고 여당 후보를 찍었다. 내 손으로 대통령을 뽑는 첫 선거에서 정치적 원죄를 만들었다. 다만 이로써 내 정치 의식과 정치 성향에 대해 각성했다. 그 뒤 나는 두 번 다시 군부 독재 세력과 연관된 당이나 인물들에게는 투표하지 않았다. 하찮은 지방의회 의원이라도 절대 표를 주지 않았다.

지난겨울 내내 촛불을 들고 대통령 탄핵을 외쳤던 것도 내 원죄 때문이다. 노태우 후보가 대통령에 당선하자 주식 시장이 폭등했다. 1988년 1월 중순으로 넘어가던 어느 추운 날이다. 고객 주식을 전부 내다 판 이날, 나는 안도감에 퇴근 전에 사무실을 나와 혼자 술을 마시며 울었다. 뒷날 이때 경험을 「절망을 혁명하고 싶소」라는 시로 썼다. 어쨌든 나를 겸허하게 되돌아보게 되었다. 이듬해 깡통계좌 파문이 터졌을 때 나는 단 한 건의 분쟁도 겪지 않게 되었다. 고객 재산 관리자로 고객 처지에 서니 투자 성향도 보수적으로 바뀌었다. 단기 투자는 지양하고 중장기 투자에 집중했다. 투자 수익률이 높아져 1994년 투자 수익률 최우수상을 거머쥐었지만 거꾸로 영업 실적은 하향세로 돌아섰다.

깡통계좌 사건 이후 다시 위기가 닥쳤다. 새 지점장이 나를 아무 연고도 없는 대구지점으로 발령을 냈다. 마침 다른 증권 회사에서 이직 제의가 있었는데 청각 장애 콤플렉스 때문에 응하지 못했던 터였다. 나를 연고도 없는 대구지점으로 내친 이유는 서울 소재 지점으로 보내면 내 고객이 우르르 이탈할까 염려해서다. 금융감독원 출신인 지점장이 제 후배를 데려오려고 기존 직원을 내친 것이다. 다른 직원은 서울지점으로 발령을 내면서 유독 나만 지방으로 보냈다. 내 천성이 줄을 대거나 유착하지 못했던 탓이다. 하는 수 없이 대구로 내려갔는데, 대구지점장이 내 발령을 의아하게 여겼다.

대구지점 차장으로 내려간 지 6개월쯤 되었을 때 감사를 나온 감사실장이 나를 불러 명동지점 미수 금액 중 32억 원이 당신 관리 계좌가 맞느냐고 확인했다. 대구지점 전체 미수 금액이 13억일 때였다. 대구지점장이 그제야 눈치채고 나만의 영업 노하우로 정착하면 어떻겠느냐고 했다. 자기가 전폭적으로 지원해주겠다고 했다. 나는 서울이 그리웠고, 주말마다 서울과 대구를 오가는 생활도 힘이 들었다. 그 사실을 털어놓자 대구지점장은 다시 서울로 발령을 내주겠다고 했다. 다음 날 명동지점장에게서 연락이 왔는데 다시 명동지점으로 오라는 전화였다. 나는 원치 않았지만 명동지점으로 발령이 났다. 명동지점장은 대뜸 "네가 관리하던 계좌들 다시 다 불러들여."라고 했다. 내 고객은 명동지점을 떠난 적이 없다. 내가 명동지점을 떠나 있는 동안 그저 휴화산처럼 움직이지 않았을 뿐이다. 내가 중장기 투자 종목으로 바꿔준 탓에 굳이 새 관리자도 필요 없었던 것이다. "제 관리 계좌는 전부 명동지점에 남아 있습니다."라는 내 말에 명동지점장이 놀랐다.

나는 이미 명동지점에 정이 떨어졌다. 게다가 지점장 후배가 내 고객 계좌에서 임의 매매를 해 손실을 입힌 사건이 터졌다. 내가 자리를 비운 6개월 만에 1억짜리 계좌가 3,000만 원으로 줄었다. 그에게 왜 임의 매매를 했냐고 따졌지만 묵묵부답이었다. 실적을 올려야 하니 내 고객 목록에서 휴면 계좌를 찾아내 임의 매매로 회전해서 실적을 올리려다 사고가 터진 것이다. 계좌 수익률을 높여 잔고를 키우면 제 고객으로 돌릴 수 있다는 빗나간 자신감에서 벌어진 일이다. 고객에게 사정을 전하고 처분대로 하겠다고 했다. 그는 모 제지 회사 경리부장인데, 자기 계좌만이 아니라 회장과 사장, 법인 계좌까지 관리를 맡긴 터였다. 불행 중 다행인 것은 경리부장 계좌 말고 다른 계좌에는 손대지 않은 것이다. 고객에게 큰 손실을 입힌 이 사건을 감사실에는 알리지 않았다. 감사실에 보고되는 순간 그 직원은 증권 업계에서 퇴출되는 것은 물론이고 재취업도 불가능해 진다. 고객이 7,000만 원이란 손실을 고스란히 떠안고 사태를 매듭지었다. 이 고객은 몇 년 전 은퇴해 부동산 중개사가 되었다. 요즘은 이 사람이 내 지인의 부동산 상담을 거들고 계약서를 써준다.

내 부주의와 관리 소홀에 대한 응답이었을까. 황당한 일이 터졌다. 내가 대구지점에 예치한 우리사주를 동료가 팔아서 횡령한 뒤 잠적했다. 이 직원은 대구지점 에서 알게 된 고등학교 4년 후배였다. 대구지점장과 다른 차장 돈까지 손을 대 3억 5,000만 원 정도 손실을 입혔는데, 내 피해액은 8,000만 원이었다. 이 돈은 강남 에 중형 아파트를 살 수 있는 거액이다. 후배는 이 돈을 도박과 유흥비로 탕진했다. 몇 달 동안 후배 아버지의 집 앞에서 잠복한 끝에 후배를 붙잡아 경찰에 넘겼다. 후배의 어린 아들이 "아버지 잡아가지 마요."라며 울었다. 일단 경찰을 돌려보내고 후배 가족과 마주 앉았다. 아내는 후배가 징역살이를 다녀온 뒤 가족에게 해코지를 할까 봐 걱정했다. 돈을 포기하고 후배를 용서 했다. 그 돈은 운이 좋아 생긴 불로 소득이라고 자신을 위로했다. 그렇게 1980년대가 끝나갔다.

증권 회사 직원에게 평온한 나날은 가상 세계의 일이다. 증권 회사에 20년이 넘도록 있었지만 휴가를 간 적이 없다. 항상 긴장 속에 있었고, 기분을 전환한다고 술을 마시며 스트레스가 더 쌓였다. 몸이 축났다. 아직 어린 아이들과 무남독녀로 자란 아내가 나 없이 살아갈 일은 상상만으로도 끔찍했다. 많이 힘들고 외로웠다. 토요일 오후에는 운전대를 잡고 인적이 드문 곳을 찾아다녔다. 청력은 점점 떨어졌다. 거울을 보는데 얼굴에 금이 가 있었다. 거울이 깨졌나 싶어 들여다봤는데 거울은 멀쩡했다. 피골상접한 얼굴 하나가 거울 속에서 기이한 눈빛으로 나를 바라보았다.

어느 날 저녁 초등학교 4학년인 아들이 뜬금없이 "아빠가 담배를 피우면 아들도 담배를 피울 확률이 80퍼센트래요."라는 말을 했다. 아들에게 되물었다. "아빠가 담배를 끊으면 너도 어른이 돼서 담배 안 피울래?"라며 아들과 손가락을 걸고 약속했다. 1994년 어느 봄

날, 나는 담배를 끊었다. 담배를 피우기 시작한 건 중학교 2학년 무렵이었다. 담배를 피우지 않으면 또래들이 한 수 깔아보는 동네 분위기 탓에 일찍 담배에 손을 대고 중독된 것이었다. 25년 동안 피운 담배를 한순간에 끊은 것은 아들과의 약속뿐 아니라 자기애의 발로가 더 컸다. 그날 이후 집에서 재떨이와 라이터가 사라졌다. 형제 중 내가 마지막 금연자였다.

담배를 끊자 몸이 회복되는 기미가 보였다. 조바심만은 사라지지 않았다. 몇 년 지나 IMF 시대가 도래했다. 회사에 명예퇴직 공문이 돌았다. 면담이 이어지고 결정을 내려야 할 시간이 다가왔다. 아내는 깊은 내막까지는 몰라도 내가 청력 손실로 회사 생활에 어려움을 겪는다는 것쯤은 알았다. 아직 40대 초반이고, 주식 영업 말고는 할 줄 아는 것이 없었다. 믿는 구석은 투자 상담사 자격이 있으니 주식 영업을 할 수 있다는 점이었다. 혼자 결정을 내리고 마지막으로 아내의 의향을 물었다. IMF가 터지고 3개월이 지난 1998년 2월에 명예퇴직을 하고, 투자 상담사로 일을 시작했다.

아버지는 48세에 청각 장애로 사회생활을 접으셨다. 나는 그보다 빠르게 사회 경력이 끊겼다. 다시 밤잠을 잊은 생활로 돌아갔다. 노력한 만큼 받는 대가가 통장으로 들어왔다. 몇 달 동안 많은 금액이 통장에 들어왔다. 그러나 한여름 밤의 달콤한 꿈은 오래가지 못했다. 투자 상담사로 나선 지 몇 달 만에 고객과 부동산 답사를 나갔다가 쓰러졌다. 내가 정신을 잃고 쓰러지자 고객이 강남성모병원 응급실로 후송했다. 응급실에서 혼수상태로 사나흘을 지냈다고 들었다. 검사 또 검사, 검사하는 사이 시간이 흘러갔다. 환자가 언제 죽을지 모르는데 날마다 검사만 해대니 아내가 응급실에서 난리를 쳤다. 그제야 담당 교수가 내려와 이런저런 지시를 하고 입원실로 옮기게 했다.

검사 결과 늑막 종양은 육종으로 밝혀졌으나, 방광경 검사로는 혈뇨 원인이 드러나지 않았다. 밝혀진 것은 평형감각이 망가지고 청력이 손실되는 메니에르병뿐이었다. 오른쪽 청력을 잃고 왼쪽 청력은 보청기로 겨우 소리를 구분할 수 있는 상태로 돌아왔다. 혼자 걸음을 내딛지는 못했다. 그런 와중에도 날마다 일을 나가

야 했다. 날마다 작은형이 픽업을 해 증권 회사에 데려
다주고 증시가 마감되면 다시 집에 데려왔다. 이대로
쓰러질 수는 없었다. 다시 걷기 위해 아내에게 의지해
이를 악물고 집 근처 운동장에서 걷기 연습을 반복했
다. 나는 6개월 이상 죽기 살기로 재활에 매달렸다. 메
니에르병에는 치료약이 없었다. 나는 메니에르병을 앓
으며 왜 눈과 귀와 팔과 다리가 두 개씩 있는지를 알았
다. 한쪽 평형감각이 소실되면 인체는 다른 쪽 평형감
각 기관에 의지해 균형을 잡는다. 지금도 어지럼증이
도지면 몸을 가누지 못한다. 몸이 회복되어 다시 걷고
운전도 하게 되었다. 유감이라면 청각 장애가 가계 유
전이라는 사실이다. 아들에게 미안하고 미안하다.

삶에 회의가 밀려왔다. 무엇을 위해 이토록 아등바등
살아야 하는가. 돈을 좇느라 건강을 도외시한 대가는
컸다. 4, 5년만 잘 버티면 자립할 수도 있었는데! 십수
년 동안 신뢰로 맺은 고객을 정리하는 것도 어려웠다.
일을 접는 시기를 아이들이 대학에 들어갈 때까지로
정했다. 거기에 맞춰 몸 관리에 치중했다. 헬스클럽에
등록하고, 장애인 등록을 하고 장애인용 차로 교체했

다. 아들이 대학 입학시험을 치르자 일에서 손을 떼고 집을 처분해 새집을 구했다. 살림에 보탬이 되게 작은 근린 생활 주택을 구입했다. 생활 규모를 줄이고 불필요한 지출을 줄였다. 건축 일을 하는 작은형을 따라다니며 현장 관리나 단순 노동을 익혀갔다. 아이들이 대학을 다니고 아내는 민화를 배우러 다닌다.

나도 공부를 해야겠다는 마음이 생겨났다. 아내가 나를 대신해 서울시민대학 시 창작 과정에 등록한 덕분에 문예 창작 공부를 시작했다. 장영수 시인을 만난 것은 큰 행운이었다. 장영수 시인을 만나지 못했다면 제대로 된 글공부를 하지 못했을 건 자명하다. 한 학기를 수업하고 장영수 시인이 시민대학 강의를 중단했다. 나도 시민대학을 그만두고 장영수 시인을 찾았으나 그는 시의 본질만을 이야기할 뿐 시 창작법을 가르쳐주지는 않았다. 그때 중고등학교 동창인 장석주 시인을 찾아가 만났다. 그에게 시를 공부하는 도반들과 새로 시 작법을 배우고 54세에 등단했다. 등단한 뒤 사는 것은 더 단출해지고 마음은 더 담대해졌다. 물욕이 아주 없지는 않지만 전에 없던 여유로움도 생겼다. 시집도 한 권 냈다. 그러나 시인으로 사는 게 얼마나 어려운 일인가를 잘 알기에 더는 욕심을 내지는 않는다. 내가 갈 길은 멀다. 나는 더디지만 한 걸음 한 걸음 걸어가려고 한다.

■

||||

그만하면 잘 살지 않았는가

||||

■

나는 서울에서 1956년에 태어났다. 아버지는 학교 문
턱도 가보지 못했다. 4세 때 증조부를 잃고, 이어 8세
때 조부가 돌아가셨다. 조모가 작은아버지를 데리고
재혼하는 바람에 경기도 화성의 땅 부자네 맏손자로
태어났건만 아버지는 졸지에 동네 친척 집에 얹혀사
는 잉여 인간 신세가 되고 말았다. 그 많은 땅을 조부
가 탕진했다고 했다. 아버지가 어머니를 만나 가정을
이루고, 청운동에 자리를 잡았을 때 태어난 것이 내 첫
번째 행운이었다.

청운동은 경복궁 서쪽이라 서촌이라 불리는 지역에 있다. 북쪽 인왕산과 북악산 사이에 자리 잡은 동네로 광화문이나 종로나 명동을 걸어서 갈 수 있었다. 서울의 사대문 안의 문화적 혜택을 누릴 수 있는 곳이었다. 반면 빈부 격차도 심한 동네였다. 당시 럭키금성의 구자경 회장이나 현대그룹의 정주영 회장 등 당대 최고의 부자들이 살았다. 인왕산 자락 성벽 아래에는 판잣집이 다닥다닥 이어지는 달동네가 있었다. 우리 집은 경기상업고등학교 담벼락에 붙은 교장 사택 아랫집이었다. 아버지가 불특정한 일용직 막노동자여서 집안 살림은 달동네 주민과 다를 바 없었다.

골목길에는 늘 지프와 폭스바겐이 서 있었다. 골목길에서 드레스를 입은 꼬마 아가씨가 나오면 나는 부러움의 눈길을 보냈다. 우리 집은 10평 남짓으로 방 두 개에 부엌, 마루, 툇마루, 집 뒤로 장독대가 있었다. 큰형이 군대에 가자 방을 세놓았다. 큰형이 제대하자 마당에 방을 하나 더 들였다. 담 너머 길 건너 집은 이층집이었다. 세퍼드 두 마리가 짖어대고, 잔디밭 정원에서는 그 집 아이들이 배드민턴을 치고, 딸은 플루트를 붙었다. 담벼락에는 골프공 그물망이 있고, 주택 뒤편에 딸린 작은 주택에는 운전기사 식구가 살았다. 운전기사의 아들은 내 친구였다.

청운국민학교는 공립 학교였다. 1학년에서 3학년까지는 오전반과 오후반으로 나눠 2부제로 수업했다. 내가 1학년일 때 오전반인데 오후반에 가서 수업을 거른 적도 있었다. 오후 수업을 하는 고학년 중에는 가정부가 점심 도시락을 갖다 주는 친구도 있었다. 점심시간이면 교실 바깥 복도에 도시락을 갖고 온 가정부들이 줄을 섰다. 나는 겨울마다 감기를 앓아 결석이 잦았다. 6학년 때는 신장염을 앓는 바람에 학기 초 40일 동안을 결석했다. 4월 어느 월요일, 6학년 교실에 가니 내 자리는 복도 쪽 맨 끝자리였다. 우리 세대는 중학교 입학시험을 봤다. 그 당시 중학교 입학시험 경쟁률이 세서 다들 과외 공부를 했다. 더러 학교 교사도 과외 공부에 나섰다. 담임은 전국에서 손꼽는 입학시험에 이골이 난 교사였다. 학교 건너편 3층 건물을 통째로 세내서 고액 과외를 지도했다. 여름 방학에는 집안이 가난해 과외하지 못하는 아이들을 따로 불러서 2주 동안 문제 풀이를 해주었다. 나는 건강이 좋지 않아 공부를 오랫동안 할 수가 없었다. 수업이 끝나고 돌아와서 슬렁슬렁 공부하는 둥 마는 둥 했다.

아버지는 학교 문턱에 가지 않았는데도 한문이 섞인 신문을 읽고, 소학교를 다닌 어머니는 속담을 많이 알고 계셨다. 위로 누나 둘이 있고, 다음으로 형 둘이 있었다. 나는 막내였다. 두 형 사이에 누나가 하나 더 있었는데 한국전쟁 직후 질병으로 죽었다고 했다. 나는 다른 형제보다 골목대장인 바로 손위 형과 더 자주 놀았다. 그 형을 따라다니며 비석치기, 땅따먹기, 다방구, 쩜뽕, 구슬치기를 하고, 더러는 나무를 깎아 만든 총칼로 군대놀이를 했다. 간혹 인왕산 성곽에서 놀았는데, 어느 때는 치마바위를 통해 정상까지 올라갔다. 인왕산 저 너머 홍제동이나 불광동 쪽 산에는 나무가 없어 온통 붉은 흙투성이였다. 건너 집 아래 화강암 바닥에는 개천이 흐르고 다리 건너에는 백운장이라는 요릿집이 있었다. 아이들과 백운장 담장 위를 건너다니며 용맹함을 겨룬 일을 떠올리면 지금도 아찔하다. 담장 아래로 떨어지면 중상을 면할 길이 없었다. 한밤중 택시가 손님을 태우고 들어왔다가 후진을 잘못해 개천 바닥에 추락한 것을 두 번이나 봤다.

1968년 1월 21일 밤은 무서웠다. 밤 9시쯤 엎드려 일기를 쓰고 있는데 밖에서 총소리가 났다. 마당에 뛰어나가 보니 공중에 쏘아올린 조명탄 때문에 온 동네가 훤했다. 형이 바깥으로 나가려는 것을 어머니가 말렸다. 아버지가 들어오자 우리 식구는 한방에 모여 있었다. 골목에서 인기척이 나더니 "34번 빼라, 34번 빼라!"라는 소리가 들렸다. 총격전이라도 벌어졌으면 방 안이라고 안전할 수는 없었을 것이다. 다음 날 아침, 집 앞에 임시 검문소가 생겼다. 시내버스가 끊겨 세검정 바깥에서 시내로 들어오는 사람들이 걸어서 내려왔다. 점심 때 인왕산 자락에 올랐는데 북악산 쪽에서 총성이 5~6번쯤 울렸다. 군대 훈련소에서 M1 소총을 쏘아보고서 그 소리를 기억해냈다. 라디오 뉴스를 들으며 북악산에서 공비 1명이 사살된 것을 알았다. 북측에서 남파한 무장 특공대 31명이 청와대를 습격한 사건은 남북한이 대치하는 우리의 엄중한 분단 현실을 새삼 깨닫게 해주었다.

나는 중학교 입학시험을 앞두고 문제 풀이도 한두 개 뒤지고 4점이 배점된 체력장도 반밖에 얻지 못한 터라 어느 학교를 가야 하는지를 망설였다. 아버지는 명문 중학교에 지원하라고 했다. 물론 나는 낙방하고 2차로 청운중학교에 갔다. 형 뒤꽁무니나 쫓아다니던 나는 중학교에 들어가면서 아연 활기를 찾았다. 경기상업고등학교에 야구부가 있어서 그랬는지 수업이 끝나면 해가 질 때까지 야구를 했다. 1년 전 신장염을 앓았는데 완치는 안 되고 염증만 나은 것이라 했다. 피곤하면 양쪽 옆구리에 통증이 왔는데, 날마다 야구를 하면서 어느새 옆구리 통증이 사라졌다. 성장기라 새 세포가 많이 생성되면서 신장 조직이 회생된 듯싶었다.

중학교 2학년 겨울에 친구 따라 교회에 갔다. 그 교회 목사는 사회학 분야에서 알아주는 미국 에모리대학교 Emory University에서 공부하고 왔다고 했다. 학생에게 인기가 있고, 학생부 선생도 신학대학에서 우수한 인재를 뽑아왔다고 했다. 구원이나 마귀를 쫓는다는 소리는 잘 듣지 못하고, 사회에 나가서 "이렇게 살아라!"라는 소리를 주로 들었다. 고등학교에 들어갈 무렵 목사가 바뀌었다. 새 목사는 군목 출신으로 한국전쟁과 베트남전쟁에서 죽음을 눈앞에서 겪었다고 했다. 자녀가 우리 또래여서 그랬는지 부모처럼 자상했다. 이때 만난 하나님과 예수는 세상에서 사랑을 나누고 정의의 편에 서 있으라고 했는데 나는 그렇게 살지 못했다.

내 발길을 교회로 돌리게 한 또 하나는 음악이었다. 서양 고전 음악은 기독교와 연관이 많다. 교회는 음악을 품고 있다. 오르간은 집회 시간이 아니면 누구나 자유롭게 사용할 수 있다. 성가대 멤버가 되었을 때는 베이스로 소프라노 파트를 돋보이게 했다. 화음의 아름다움을 만들어내는 일이 즐거웠다. 중학교 2학년 겨울 방학에 기타를 갖게 되었다. 누나가 선물로 뭐가 좋으냐는 말에 기타를 사달라고 했다. 시험 성적이 꽤 좋았던 덕에 기타가 생겼다. 형 친구의 영향으로 가요와 팝송을 들었다. 형 친구에게 C, F, G7 코드와 3박자, 4박자의 터치 방법을 배운 뒤 그 다음에 기타 교본에 나온 대로 코드를 따라서 잡고 연습했다. 고등학교 1학년 때 종로 YMCA에서 토요일마다 '싱어롱Sing-along' 프로그램이 있었는데 새 노래의 악보를 주었다. 그때 모은 악보

를 어머니가 잡동사니를 버릴 때 같이 버려서 두고두
고 아쉬워했다. 동네에서 누군가가 그룹사운드를 만들
어 미8군에 가서 오디션을 받아 보자고 제안했으나 학
업을 중단할 수는 없었다. 레슨을 받으면 음악대학에
갈 수 있다는 말을 들었지만 가난한 집에서 음악 레슨
은 불가능한 일이었다. 고등학교 동창인 테너 박기천
군을 만나면 그때는 내가 더 노래를 잘했다고 큰소리
를 친다. 박기천은 의정부 집에서 창동의 회사에 출퇴
근했는데, 일이 끝나면 다시 광화문까지 나와서 레슨
을 받았다. 결국 그는 독일로 유학을 가서 세계적인 오
페라 가수로 이름을 얻고 귀국했다. 내 음악 재능은 사
회생활을 시작하면서 야유회 때에 함께 즐기는 정도에
머물렀다.

우리는 중학교 입학시험을 마지막으로 본 세대다. 국
민학교 6학년 때 병치레하느라 40일 동안 결석했다. 과
연 수업 진도를 따라갈 수 있을까? 4학년 때 며칠 결석
했더니 산수 진도를 따라갈 수가 없었다. 어쨌든 다시
학교 수업을 받으며 열심히 한 덕분에 그럭저럭 따라
갈 수 있었다. 내가 중학교에 들어간 이듬해 중학교 입

학시험이 전격 폐지되고, 최고 5대 공립 학교인 경기, 서울, 경복, 서울사대부중, 용산중학교가 사라졌다. 중학교 졸업자는 동일계 고등학교에 무시험으로 올라갔다. 중학교 입학시험을 준비할 때는 슬렁슬렁 공부했으나 중학교 3학년 때에는 열심히 입학시험을 준비했다. 청운중학교 모의고사 수학 문제를 들고 교회에서 다른 학교 학생에게 해설했다. 친구 형에게서 수학 과외를 받고, 경복고등학교 학생들이 공부하는 효자도서관에서 밤을 새며 공부했다. SM 엔터테인먼트의 이수만 회장이 바로 효자도서관 출신이다. 그는 경복고등학교를 나와 서울대학교 농과대학을 다녔다. 나는 실업계 고등학교를 안 가려고 몸부림쳤으나 결국 경기상업고등학교에 진학했다.

입학시험 성적은 15등이었다. 7개 반 편성이니까 반에서는 3등으로 배치됐을 것이다. 고등학교 때 성적은 앞에서 2등과 뒤에서 2등을 오갔다. 열심히 공부해도 1등은 못하고 책을 덮어도 꼴찌를 하기는 힘들었다. '대학에 안 가고 취직할 건데…'라면서 공부하지 않았다. 나중에 회사에서 캐드 작업(초창기 캐드 작업은 따로 프

로그램이 없으므로 내가 특정 위치에 선을 어떻게 그
리느냐가 시작이었다.)을 해야 할 때 삼각함수 응용이
필요했다. 수학이 필요한 상황에 맞닥뜨려 당황했다.
삼각함수를 중학교 수학에서 배웠지만 상업고등학교
에서 수학을 배우지 못해 다 잊어버린 것이다.

군대는 방위로 다녀왔다. 신체에 흠이 있었는데 치질
과 두드러기다. 황교안 전 국무총리는 두드러기로 군
대를 면제받았다는데 나는 면제는 받지 못하고 방위
로 다녀왔다. 방위에 가서 놀란 것은 학벌 통계다. 방
위 소집자는 해당 연도에 입소 인원을 학벌에 따라 분
류하고 줄을 세워 2월 중순에서 11월 말까지 훈련했다.
대졸자와 대학 재학 중인 자는 2월에 마감하고 3월에
는 고졸자를 소집했다. 나는 3월 12일에 입소했다. 고
졸자가 8월 중순에 마감하고 그 뒤로는 고등학교 중퇴
자와 중졸자들이었나?

우리 3형제는 아버지의 바람대로 다 경기상업고등학
교를 졸업했다. 아버지는 5대 공립 학교가 아닐 바에야
상업고등학교를 나오는 것이 사회생활에 유리하다고

판단한 것이었다. 큰형은 공부를 잘해 은행원이 되었으나, 작은형과 나는 그에 미치지 못했다. 1973년은 불황기에서 막 벗어난 때라 취직이 어렵지는 않았다. 나는 경기상업고등학교를 졸업하고 한국타이어에 입사했다. 그 시절 한국타이어는 대기업은 아니고 막 은행관리에서 벗어난 회사였다. 그때는 영등포 공장에서 하루 2,500개 정도 타이어를 생산하고, 1년에 2,000만 불 정도 수출하는 중소기업이었다. 종업원이 1,000명인데 생산직을 제외하면 100명도 안 되는 회사로 도약을 노리는 회사였다. 사주가 경상도 출신이고, 사장은 충청도 출신이었다. 지역 차별이나 학벌 파벌이 없어서 좋았다. 직원이 아이디어를 내면 반영이 잘 되었다. 인사 평가 제도가 있었지만 인사과장의 입김이 셌다. 나는 3년 정도 수출 부서에서 내국 업무를 맡았다. 전산화 바람을 타고 부서를 바꿔 27년 동안이나 회사에 다녔다. 영업 부서에서 일한다면 매출 신장, 신제품 개발, 품질 개선 등으로 회사 성장에 기여하는 게 보람이겠으나 나는 전산 업무를 통해 일하는 방식을 바꾸는데 기여했다. 내가 만든 프로그램과 시스템에 따라 업무 방식이 바뀌었던 것이다. 그때나 지금이나 IT 업종 사람은 밤샘을 밥 먹듯 한다. 전산 업무는 페이퍼 워킹보다 컴퓨터를 상대하는 일이라 집중이 잘됐다. 한 달에 한 번 정도는 밤을 새웠다. 밤샘 작업을 한 뒤에는 휴식이 주어졌다. 학력 차별 없이 진급이 이루어지고, 늘 새 기술에 적응해야만 하는 터라 시간이 빠르게 흘러갔다.

어느 날 아내가 보험 설계사를 하겠다고 나섰다. 나는 회사 조직이 부과장제에서 팀장 체제로 바뀌면서 팀장을 맡았다. 나는 회사에서 한창 잘 나갔다. 아내가 바깥일을 하자면 복부인이 더 좋았을 것이었다. 아내가 바깥일을 시작한 것은 시어머니와 같이 있는 시간을 줄이려는 속셈이었다. 아내는 회사가 교육한 대로 성실하게 일하니 성과도 곧잘 올렸다. 그러나 2년 정도 지나자 성과는 오르지 않고 정체했다. 다만 다른 설계사들이 불완전 판매로 해약이 잇달아 불이익을 받았으나 그런 일은 없었다. 외환 위기가 닥치려는 전조 증상이었을까? 내게 다단계 사업체의 유혹이 뻗쳐왔다. 대전 지역에서 다단계 사업 열풍이 큰 부작용을 낳으며 한바탕 지나간 다음이었지만 나는 그 사실을 알지 못했다. 다단계 사업에 뛰어든 사람 중에 여행사 사장, 건축 회사 사장, 공기업 간부, 정부출연연구소 연구원, 대학 교수 등이 포함되어 있었다. 퇴근한 뒤 시간을 내서 하는 일이었기에 대수롭게 여기지 않았다.

회사에서 팀장으로 팀을 잘 꾸렸지만 컴퓨터를 모르는 임원이 상사로 오면서 업무상 불화가 생겼다. 그때까지는 내가 아이디어를 내면 상사가 투자 여건을 만들어주고 그 결과로 실적이 올라갔는데 새로운 상사는 보수적인 사고방식을 가진 사람이었다. 아주 작은 위험조차 몸을 사린 탓에 조직이 위축되고, 내 업무 범위도 쪼그라들었다. 나는 그 상사가 답답해서 사표를 던지고 회사를 나왔다. 그 상사도 몇 달 뒤 회사에서 쫓겨났고 부서가 독립해서 별도 회사가 되었다. '아, 조금만 더 버티면 좋았을 것을!' 무릎을 쳤지만 때늦은 후회였다.

다단계가 왜 안 되는 것인지 이해하는 데 꽤 많은 시간이 걸렸다. 다단계는 1940년대에 생겨났다고 한다. 건강 보조 식품을 판매하기 위해 맨투맨 영업의 방식으로 만들어진 것이다. 미디어의 발달로 정보 전달이 활발해지자 상품 정보를 맨투맨이 아닌 방식으로도 잘 전달됐다. 그래서 다단계 판매는 짧은 시간에 부를 축적할 수 있는 방법으로 고객을 유혹했다. 다단계 상품은 가격 경쟁력이 없었다. 상품에 영업자의 판매 수당이 과다하게 책정됨에 따라 가격이 비싸지는 까닭이다. 초기에 진입한 사람이 영업할 때 쓰는 비용이 수당에 비해 많고 그것을 만회하는 데 시간이 오래 걸렸다. 과다하게 책정된 수익 창출을 무리하게 좇다 보니 변칙 수단이 생기고 피해자가 생겼다. 영업자를 교육할 때 비용이 발생하는데 그것을 후발 진입자에게 떠넘기니 수익 내기가 어려웠다. 인터넷 시대를 넘어 모바일 시대로 접어든 지금 다단계 판매는 올바른 영업 방식이 아니라는 게 판명됐다.

다단계 사업에서 상식을 벗어난 사기 사건과 닮은 일들이 벌어졌다. 외환 위기로 대량 실직이 발생하자 다단계 사업에 뛰어드는 사람이 늘었다. 초기 진입 시에 다량의 제품을 의무적으로 구매하게 만들고 또 다른 사람에게 권유함으로써 짧은 기간에 고액 수당을 챙길

수 있다는 착시를 만들었다. 세무 공무원이 민원인에게, 교사가 학부형에게 우월한 지위를 이용해 물품을 강매했다. 다단계 판매와 관련된 부정적인 뉴스가 봇물 터진 듯 나오고, 공무원과 교사는 다단계 판매를 할 수 없게 되면서 한바탕 소용돌이는 지나갔다. 미국에서 물리학 박사 과정을 수료한 분이 건강 보조 식품을 판매하려고 음식으로 건강을 개선하고 질병을 치료할 수 있는 프로그램을 만들었다. 쿠킹 프로그램과 환자 식단 컨설팅 프로그램은 인터넷 검색만으로 미국 의료 정보를 공부해서 환자의 질병과 의사의 처방을 알아내어 그것에 맞춘 음식을 제공하고 회복에 도움을 주는 것이었다. 이 프로그램이 'Eat2Heal'이었다. 2000년대 들어 피토케미컬phytochemicals이 주목을 받는데, 식물에 내재된 영양소를 먹자는 내용으로 색깔이 있는 채소가 어떤 역할을 하는지를 따져 그에 걸맞은 조리로 해독 효과를 내고, 암 환자의 항암 능력을 키우는 데 보탬이 되었다.

문제는 사업 모델링이었다. 수익을 내려면 서비스 가격을 높게 책정해야 하는데 고객 가격과 괴리가 생길 수밖에 없었다. 간단한 해독 프로그램은 효과를 느끼기에 충분하지 않고, 비싼 질병 치유 프로그램은 말기 암 환자들이 지푸라기 잡는 심정으로 뒤늦게 선택하다 보니 성공 사례를 내기가 쉽지 않았다. 창업자의 연구로 암뿐 아니라 혈관 질환이나 내분비 호르몬에 확실히 효과가 있다고 했지만 문제는 이 사업에 투자해 수입을 올리는 사람이 극소수라는 점이었다. 창업자의 학습 능력은 좋은데 사업으로 구조화하는 데 한계가 있었기 때문이다. 나는 음식 조리법이나 의학적 접근보다 사업 환경을 만드는 교육 프로그램에 참여했다. 하지만 본전도 찾지 못하고 포기해야만 했다. 다단계 사업과 'Eat2Heal' 프로그램에 10년 남짓 시간을 소모했다. 다른 사람에게 도움이 될 수도 있겠다는 판단으로 뛰어들었지만 인생의 원숙기라 할 수 있는 40대 중반에서 50대 초반까지 귀중한 시간을 허비했다는 후회가 든다.

기존 자산이 얼마 남지 않아 다른 노후를 대비할 준비가 필요했다. 처음에는 경매를 통해 상가를 사려고 했으나 수익성이 있는 매물을 찾지 못했다. 파주에 건축

하자는 제안을 받고 난 뒤 며칠 사이 땅을 사고 건축 계약을 했다. 건축 관련 지식이 없는 상태에서도 큰 문제없이 잘 마무리됐다. 투자비가 많이 들어갔지만, 마침내 조물주 위의 건물주가 된 것이다. 건물주도 할 일이 많았다. 수리할 부분을 찾아 일이 커지지 않게 해야하고, 건물을 깨끗하게 쓸 세입자도 골라야 하고, 분쟁이 있을 때 잘 조율해서 서로의 이익이 침해되지 않도록 해야 한다. 요즘은 임대인이 무조건 '갑'이고, 세입자라고 다 '을'이 아니다. 임대인과 세입자는 그저 대등한 계약 관계일 따름이다.

임대료 수입만으로 생활비가 모자라 2년 전 주식 시장에서 선물 거래를 시작했다. 주식 투자는 종목을 매수한 뒤 가격이 오를 때 팔아 이익을 실현하고, 내리면 손실을 떠안는다. 무엇보다도 종목을 고르는 데 전문적인 식견과 신중함이 필요하다. 파생 상품은 특정 종목에 투자하기보다 시장 상황에 맞추어 투자하고 손실을 방어하는 투자로 수익을 창출한다. 도박과 닮았다. 주식 투자는 수익을 회수하는 기간이 불특정이지만 (물론 단타는 바로 결과를 알지만) 파생 상품은 일정

기간이 지난 뒤에야 손익이 판가름 난다. 선물 거래에 뛰어든 초기 6개월 동안은 수익을 내고, 그 다음 1년은 손실을 입었다. 이제는 운용 자금 능력에 맞추어 일정한 패턴을 만들고 손실을 회복하는 데 최선을 다하고 있다.

두 아들에게 25세까지만 투자할 것이니 그 뒤에는 독립하라고 했다. 하지만 아직 독립하지 못했다. 사회 구조 탓인가? 나는 17세 때부터 돈을 벌어 20세 때 독립해서 경제생활을 했다. 두 아들은 나름대로 부모의 둥지를 떠날 준비를 하는 듯하다. 지금 나는 전립선암 수술을 마치고 회복 중이다. 당분간은 체력을 보강하는 데 시간을 들여야 한다. 아직 버킷 리스트가 많다. 음악 재능을 다시 깨워볼까? 기타를 더 배우고 싶고, 에너지가 더 드는 드럼도 치고 싶다. 색소폰은 폐활량이 뒷받침되어야 한다는데 내 폐활량으로는 안 될까? 여행을 그저 노는 것이라고 여겼는데 최근 여행을 해보니 다른 시각으로 세상을 보고 내 삶도 다시 생각하는 기회가 되었다. 앞으로 더 많이 여행하고 싶다.

며칠 동안 내 삶을 돌아보았다. 우리 세대는 전쟁을 겪지 않았다. 가난했다. 나는 두어 번 크게 아팠지만 행운이 없었다고 말하기는 어렵다. 잘못된 선택에도 내 삶은 크게 망가진 적이 없다. 배우지 못한 아버지 밑에서 청운동이란 좋은 환경에서 살았고, 상업고등학교를 나와서 좋은 회사에서 일했다. 1980년 '서울의 봄' 시위대에 끼여 참여했는데, 나는 남들 뒤를 따라다니며 데모하는 것을 구경만 했다. 그해 미국으로 출장을 갔을 때 만난 교포들이 광주항쟁 상황에 대해 더 상세하게 알고 있어 놀란 한편 나 자신이 부끄러웠다. 외환위기 때 국가 경제가 송두리째 흔들리고 기업이 도산해 실업자가 쏟아졌지만 우리 회사는 탄탄해서 안전했다. 세월호 사건이 터졌을 때 진도 팽목항에 가서 자원봉사를 할까 고민했다. 망설이기만 하다가 실행하지는 못했다. 어쨌든 살면서 사기꾼을 만나지 않고, 폭력이나 재난에서 내 목숨과 재산을 지켜냈다. '그만하면 잘 살지 않았는가!' 앞으로 남은 세월은 남을 도우며 살고 싶다.

■

|||||

개천에서 용 났다!

|||||

■

나는 서울특별시 종로구 종로4가 72번지에서 태어났
다. 서울 토박이다. 외가는 종로6가에 있었다. 친가와
외가 5촌 이내 혈족이 종로5가의 효제국민학교 동문이
다. 이는 아마도 드문 일일 테다. 내 부모 역시 효제국
민학교 동기 동창인데, 할아버지 회사에서 함께 근무
하다가 연애결혼을 했다. 당시에는 보기 드문 사내 커
플이었다. 내가 불광국민학교로 전학하니 그곳 교장
선생님이 일제 강점기에 효제국민학교에서 내 부모를
가르친 이규로 선생님이었다. 20대 때 나를 조사한 종
로경찰서 담당 형사가 인정할 정도로 우리 집안은 부

유했다. 아버지는 무역업을 하고, 어머니는 광장시장에서 사채업을 했다. 5·16 군사쿠데타 때 갑작스런 항구 폐쇄와 화폐 개혁으로 가세가 기울며 파산했다.

파산하기 전 우리 부모는 세운상가와 광장시장 사이 대로변에 점포 여러 개를 갖고 있었다. 점포 근처 골목에 무궁화가 피어 있는 한옥에서 조부모, 부모와 우리 6남매, 큰고모 내외, 막내고모와 삼촌 등 열네 식구가 모여 사는 대가족이었다. 명절에는 길 건너 종묘 근처에 사는 당숙 댁과 인사동의 할머니 오라버님께 세배를 드리러 갔다. 여름에는 가족이 동대문 옆에서 출발하는 '동차'를 타고 뚝섬에 가서 물 건너 봉원사^{지금의 삼성동 봉원사}로 배를 타고 가서 한나절을 놀다 왔다. 더러는 노량진까지 전차를 타고 가서 잔치용 놀잇배를 빌려 가족이 뱃놀이를 했다. 나는 종로4가 대로변 집에서 오전에는 지나가는 버스 번호판의 숫자 더하기 놀이를 하고, 오후에는 저녁 찬거리를 사러 광장시장에 가시는 할머니를 따라나섰다. 4·19 혁명이 나던 해 나는 6세였다. 집 앞 종로4가 사거리에 있는 경찰서가 불타고, 경찰이 쏜 총에 맞은 학생이 우리 집으로 피신해와 막내고모가 치료해주었다. 길에서 총소리가 연신 들려와 가족이 한방에 모여 지냈다. 이듬해 5·16 군사쿠데타 때는 육사 생도들이 5·16 군사쿠데타를 지지하는 행진을 했는데 집 앞 대로로 지나갔다. 군인을 실은 트럭과 탱크가 종로4가 대로를 지나갈 때 그 행렬 뒤에서 철없는 어린아이들이 따라 달렸다.

집안이 몰락하고 나서 효제국민학교를 시작으로 보문동 동신국민학교, 불광국민학교, 상계국민학교로 전학을 다녔다. 우리 집은 보문동, 불광동, 연신내, 구파발 등으로 이사를 다녔다. 구파발 박석고개로 이사할 때에는 한 평 반 남짓한 방에 부모와 나 셋만 남았다. 나는 불광국민학교까지 버스비가 없어서 왕복 2시간 거리를 걸어서 다녔다. 이사할 때마다 집을 줄여 이사하는 바람에 10세가 되던 해에는 6남매가 뿔뿔이 흩어져 친척 집에서 더부살이했다. 그 뒤 6남매는 한집에서 부대끼며 살면서 겪는 형제의 도타운 정을 느끼지 못해 부모님이 돌아가신 뒤로는 아무 왕래 없이 지낸다.

1966년쯤 상계동은 청계천 철거 주민의 강제 이주지였다. 여섯 가구가 한집에서 살았다. 세대마다 출입구가 다르고, 한집에 방과 부엌이 하나씩 딸렸다. 화장실은 공동 시설이었다. 시내로 나가는 대중교통은 1시간에 한 대 다니는 시영버스가 전부였다. 지금의 서울과학 기술대학교가 있는 공릉동 일대는 1차선 비포장도로 고, 상계동 개천은 여름마다 아이들 수영장으로 변했 다. 그해 나는 상계국민학교 졸업생 중 거의 유일하게 경희중학교에 진학했다. 분기마다 등록금을 내지 못해 서 자주 교무실로 호출됐다. 성적은 상위 10퍼센트 안 에 들었으나 고등학교 입학금과 등록금이 없어 진학 을 포기했다. 경희중학교는 8개 반 입학해서, 2학년은 7반, 3학년은 6반으로 해마다 한 반씩 낙제시켰다. 고 등학교는 무시험으로 동일계 진학이 되었지만 나는 고 등학교에 가지 못한 채 신문 배달을 하거나 친척 집 동 생을 가르치러 입주 과외 등을 하며 세월을 보냈다. 고 등학교를 건너뛰어 대학 입학 검정고시를 치르려고 했 다. 그런데 어머니가 행상으로 등록금을 마련해서 3주 동안 입학시험을 준비한 끝에 형의 권유에 따라 경기 상업고등학교에 들어갔다. 형은 집안이 어려우니 조기 취업을 하라고 상업고등학교를 권했던 것이다. 얼떨결에 경기상업고등학교에 들어가 미래와 진로를 고민하느라 방황하면서도 대학교에 진학하려고 공부했다.

고등학교 3학년이 되자 성적 우수자로 뽑혀 은행권 무시험 특채 추천 대상이 되었다. 하나둘씩 취업해서 나갔지만 나는 대학에 진학하겠다고 추천을 거부했다. 그 시절 은행에 간 많은 동창이 1997년 외환 위기 때 은행들이 문 닫는 바람에 실업자가 되었다. 내가 뒤늦게 시험을 쳐서 들어간 국민은행만 운 좋게 살아남았다. 은행 취업률 제고를 위해서 공채 시험에 응시하라는 담임의 권유로 국민은행에 시험을 보았는데, 덜컥 합격한 것이다. 출근 전날까지 고민하다가 은행을 다니며 야간 대학에 들어가기로 마음을 고쳐먹었다. 1974년 1월 10일, 국민은행에 첫 출근을 했다. 그날 아침에 장롱에서 누군가 입던 하복을 찾아냈다. 상의는 푸른색이고, 하의는 지퍼도 잠기지 않는 회색이었다. 그 옷을 입고 추레한 행색으로 출근했다.

국민은행 지점에서 2년 반 근무하고 군대에 입대했다. 군대 사단 사령부에서 근무했으나 야근하는 보직을 받아 야근을 밥 먹듯이 한 것은 물론이거니와 보초 서기와 페치카난로 당번을 하느라 자주 밤새웠다. 덕분에 전역한 뒤에는 야근하는 데 익숙한 체질로 바뀌었다. 1979년 4월, 전역한 뒤 은행에 복직하고 대학교 진학을 준비했다. 1980년에 경희대학교 경제학과 야간 학부에 입학했다. 1980년 이전에는 건국대학교와 국제대학교에만 야간 학부가 있었으나 그해 서울 시내 거의 모든 대학에서 야간 학부를 개설하고 신입생을 모집했다. 경희대학교 야간 학부에 들어가니 동기생 25명 중 23명이 장학생이었다. 어려운 집안 형편으로 대학 진학을 미뤘던 머리 좋은 친구들이 대학교 야간 학부에 대거 입학했다. 동기생 중 다수가 대학을 졸업한 뒤 재직하던 회사를 그만두고 대기업으로 들어가 이사까지 승진했다. 나는 전직轉職보다는 공부에 대한 갈증을 채우려고 대학원 석사 과정, 경영대학원 석사 과정, 대학원 박사 과정을 밟으며 무려 23년 동안 주경야독의 세월을 보냈다. 1985년 은행에서 근무하며 만난 한 여인에게 반했다. 우리는 3년 동안 연애하다가 장인의 친구인 당시 연수원장 덕분에 겨우 처가의 허락을 받아 결혼했다.

대학원에 진학하려고 은행을 퇴직하려고 했다. 그때 한 선배의 배려로 대학원 공부와 은행 근무를 병행할 수 있는 국민은행 연수원으로 전보 발령이 났다. 나는 은행 내부에서 학연과 지연의 벽을 깨느라 나름으로 고군분투했다. 남의 일까지 떠맡고 일주일에 한 번 퇴근하면서 일과 공부를 병행했다. 그런 탓에 주류의 바깥에서 맴돌다가 대학원을 4년 만에 수료했다. 1988년 9월, 5년 동안 국민은행 연수원 근무 경력을 인정받아 1987년에 출범한 국민은행 자회사인 국민신용카드 연수 담당 팀장으로 전직했다. 1997년 'IMF 외환 위기'와 2002년 '신용카드 대란'을 겪으면서 금융권 전반의 부실 채권 증가의 여파로 그동안 각 은행의 자회사이던 신용카드 회사들이 모육은행에 흡수됐다. 2003년 10월 1일, 국민신용카드도 국민은행으로 합병되면서 5년 만에 국민은행에 다시 입행했다.

운이 좋게도 IMF의 영향을 직접 받지는 않았으나 김대중 정부가 펼친 방만한 소비 촉진 정책으로 또 위기를 맞았다. 바로 2002년 신용카드 대란 사건이다. 신분증만 있으면 누구에게나 신용카드를 발급해주고, 저소득

층에게도 카드 발급을 남발한 탓에 카드 부채가 급증
했다. 카드 돌려막기가 성행했다. 그 결과 부실 채권과
불량 거래가 대거 양산되면서 그 부담을 금융권이 떠
안게 되었다. 신용카드 대란은 전 금융권 종사자에게
큰 짐이 되었다. 어쨌든 2010년 1월, 만 55세로 지점장
직에서 큰 과오 없이 정년퇴직을 맞았다. 그 뒤 임금피
크제 적용 대상으로 은행 근무를 하다가 2010년 11월
11일, 일제 강점기와 맞먹는 36년 10개월이라는 기나
긴 직장 생활을 마쳤다.

2010년 1월부터 11월까지는 내게 주어진 큰 선물이었
다. 이때 나는 박사 과정을 다 마치고 박사 학위 논문
을 썼다. 논문을 쓰느라 집중한 탓에 양안의 실핏줄이
터지고, 중학교 시절에 배운 담배마저 완전히 끊게 되
었다. 2011년 2월, 경희대학교 대학원에서 경영학 박
사 학위를 취득했다. 그동안 연구와 논문 발표, 경영대
학과 경영대학원, 그리고 사회 교육원주말반 학위 과정에서
겸임 교수와 객원 교수 등을 거치면서 '사람과 조직'에
대한 다양한 교과목을 강의했다. 나는 왜 박사 과정까
지 기를 쓰고 공부했을까? 그 첫째 동기는 어렸을 때

기회를 잃은 공부에 대한 갈증을 풀기 위함이고, 둘째는 'IMF 외환 위기'와 '신용카드 대란'을 겪으며 직장 생활에 대한 깊은 회의 때문이었다. 그때 선배, 동료, 후배를 떠나보내면서 '이제 내 차례가 되겠구나!'라는 생각을 하며 잠을 이루지 못했다. '나는 앞으로 무엇을 하면서 살아야 하나? 무엇을 잘할 수 있을까?'라는 고민을 했다. 기업과 사회가 어려움에 직면할 때 이 선택밖에 할 수 없는 것일까, 다른 선택지는 없을까, 어디서부터 문제를 풀어야 할까를 고민한 끝에 돈 버는 사업에는 재주가 없으니 다른 일을 찾았다. 문재인 대통령이 제시한 '사람이 먼저'가 아니라 프란치스코 교황이 말하는 '이념보다 사람이 먼저'인 사회를 만들 수 있는 방법에 대해 더 공감했다. 기업과 사회 그 구성원이 신뢰하고 동반 성장할 수 있는 사회를 만드는 해법을 찾아보고자 했다.

유년기와 청소년기에는 '박정희'의 5·16 군사쿠데타가 원인이 되어 풍요와 궁핍, 혼돈과 방황, 산업화와 민주화의 시기를 거쳐 지금 여기에 와 있다. 그러나 그나마 그가 이끈 '대한민국의 경제 성장' 덕분에 크고 작은 혜택을 누리며 살아왔다고 생각한다. 그래서 나는 박정희를 용서했다. 누군가가 내게 "과거로 돌아갈 수 있다면 어떤 시절로 가고 싶은가?"라고 질문한다면, 나는 단호히 "돌아가고 싶은 시절은 없다. 바로 지금이 가장 행복한 시절이다."라고 답하겠다. 가난했던 과거라면 지긋지긋하다. 어렸을 때부터 그 모멸스러운 가난에 대한 피해 의식을 다 지우고 싶다. 나는 직장 생활을 하는 동안 '고졸 입행자'라는 차별을 넘어서려고 '살기 위한 일'이 아니라 '일을 위한 삶'을 살아왔다.

나는 신혼 시절부터 모든 것을 아내에게 떠맡기고, 두 자식이 있다는 것조차 잊은 채 살아왔다. 사회와 조직의 문제를 내가 해결해야 한다는 소영웅주의에 빠져 '일벌레'로 30대를 건너온 것이다. 그러다가 나를 돌아볼 전기轉機를 만났다. 업무 과중과 집착으로 스트레스를 받아 몸에 이상 신호가 켜졌다. 양안 초점이 맞지 않는 사시斜視 현상이 그것이다. 서울대학교병원에서도 원인을 밝혀내지 못했으나 한의사의 치료로 6개월 만에 건강을 되찾았다. 원인도 모르는 질병으로 아플 때 아내의 제안으로 첫 번째 가족 여행을 떠났다. 그때 나는 한 가정의 가장이고 자식이 둘씩이나 있고 "아빠! 아빠!"라고 부르며 따라다닌다는 사실을 깨달았다. 내 아내는 '별에서 온 천사'였다. 가정과 가족에 대해 인식한 뒤 '일을 위한 삶'에서 벗어나려고 지방 근무를 자원했다. 대전에서 오붓하게 가족과 누린 2년의 시간은 내 인생 중에 가장 평온했다.

불과 며칠 전 심경에 변화가 생겼다. '바로 지금이 가장 행복한 시간'이라는 생각에는 변함이 없으나, '돌아가고 싶은 과거의 시절'이 떠올랐다. 여러 가지로 버거운 신혼 시절의 아내에게, 신혼살림을 정리해주려고 오셨다가 주저앉아 3년을 지낸 내 부모와 동생에게, 육아를 뒷바라지 해준 장인 장모와 불편을 견뎌준 처남들, 자식은 나 몰라라 하고 일에 미쳐 산 아빠를 원망했을 아이들에게, 몇 달 동안 우리 집에서 지내며 직장에 다닌 후배 추경이에게 두루 고맙다고 말하고 싶다. 그 시절 내 행동과 처신이 어떠했는지 돌아보면 등골이 서늘하다. 그래서 그 시절로 돌아가 그 모든 이에게 정말 조건 없이 사랑을 나누고 베푸는 시간을 갖고 싶은 것이다.

나는 아버지와 어머니를 생전에 미워했다. 두 분의 무능력과 무절제로 힘든 시절을 겪고, 두 분의 부채마저 내게 떠안겼기 때문이다. 어머니는 늘 미안하다고 하셨지만 나는 냉랭했다. 이제 두 분을 용서하고, 오히려 용서를 구하고자 한다. 최근 이런 생각을 아내에게 털어놓았더니 "그 당시 당신은 그 상황에서 도망치고 싶을 뿐이에요."라고 위로했다. 국민신용카드로 이직하고 새 조직에서 연수팀장 겸 신경영팀장으로 일에 빠져들 때 나는 '어벤저스'라도 된 듯이 우쭐했다. 나는 더 나은 조직을 위해 변화와 혁신을 추구하고, 주인 의식을 갖고 혼신을 다하며 살았다. 그런 탓에 나는 상사에게는 '후배들을 의식화하는 조직의 계륵'으로 낙인 찍히고, 후배에게는 아직까지 '가장 훌륭한 선배지만 같이 일하기는 껄끄러운 선배'로 회자되고 있다. 그것은 내가 처한 괴로운 과거와 현실의 감옥에서 벗어나려는 몸부림이 아니었을까. '그때 내가 좇던 목표나 방법론이 최선이었을까?'라는 반성과 함께 나만 옳다는 아집에서 벗어나려고 노력한다. 지금은 불교의 '팔정도'를 가슴에 되새기며 산다. '바르게 생각하고, 바르게 말하고, 바르게 행동하기'라는 삶의 가치를 자주 되새기는 것이다.

돌이켜보면 나는 어린 시절 가난이란 개천에서 허우적 거리는 미꾸라지에 지나지 않았다. 물론 나는 내 처지를 벗어나기 위해 엄청난 노력을 하고, 분투하며 살았다. 어쨌든 유수한 은행 지점장을 거치고 유명 사립 대학교 경영학 박사로 제2의 인생을 살고 있으니 이만하면 번듯하지 않은가! 내 인생 사례는 '개천에서 용 났다!'일 테다. 작은 불운과 소동이 없지 않았지만 거두고 누리며 살아남았으니 내 인생은 이문이 많은 거래를 한 듯 뿌듯하다. 이 뿌듯함을 오만이라고 비난할 사람은 없을 것이다. 이제 몇 가지 작은 소망을 실천하며 살려고 한다. 첫째 소망은 '별에서 온 천사'에게 생명을 다하는 날까지 보은하는 것이다. 둘째 소망은 대학교 강의와 연구 생활을 2020년에 마치고 은퇴하면서 모든 이에게 도움이 되는 책을 한 권 쓰는 일이다.

■

|||||

우리 가족의 황금시대

|||||

■

내 인생 이야기는 50년에 걸친 내 아버지와 어머니가 얽히고설킨 복잡한 가계와 더불어 살펴봐야 한다. 나는 여러 이복異腹과 이부異父 형제를 두었다. 그렇게 된 데는 한국전쟁이 한몫 거들었다. 나는 1955년 7월 5일, 서울 청계천 수표동에서 태어났다. 그날은 아버지에게 가장 행복한 날 중 하나였다고 했다. 조강지처만을 며느리로 인정하여 창신동에 살던 조부모께서도 어머니가 나를 낳은 뒤 수표동으로 들어가셨다.

어머니는 서울 수복 때 홀로 중구 삼각동에서 음식점

을 했다. 어머니는 임씨 가문으로 시집간 처지였지만 남편이 전쟁 중 납치되어 이북으로 끌려간 뒤 혼자 살았다. 이북으로 간 남편의 딸이 하나 있었지만 시댁 고모와 작은아버지에게 맡기고 어머니는 친정어머니와 식당을 꾸렸다. 내 아버지는 전쟁 중 식구와 이별하고 홀로 인쇄소를 운영했다. 아버지는 한국전쟁이 터지자 군에 지원하면서 본처와 딸들과는 생이별을 했다. 1953년까지 군 복무를 하다가 전역하고 서울 을지로에서 인쇄소를 시작했다. 그 당시 어머니 음식점에 단골로 다니던 아버지는 어머니를 혼자 연모했다. 그걸 눈치챈 외할머니가 1954년 가을 어느 날, 어머니에게 술을 먹여 아버지와 합방하게 했다. 그 합방의 산물로 태어난 게 바로 나다.

손위 누나는 한국전쟁 때 태어났다. 1955년 초, 어머니가 나를 밴 채 새 살림을 난 수표동에 본처와 딸이 불쑥 나타났다. 본처는 자신이 법적 아내임을 주장하면서 소동을 벌였다. 어머니는 유산하고 아버지와 헤어지려고 했다. 아버지는 자살 소동을 벌였다. 그걸 보고 본처는 딸만 맡기고 떠났다. 얼마 뒤 또 다른 여인이

아이를 데리고 나타났다. 아버지가 군 복무를 한 경상
남도 의령에서 잠시 사귀다가 헤어진 여자였다. 그 여
자는 아버지의 아들을 혼자 낳아 키웠다고 했다. 그 여
자는 아들을 아버지 호적에 올려줄 것을 당부하고 의
령으로 떠났다. 몇 년 뒤 그 여자는 폐병으로 죽었다.

1956년 여름, 내 첫돌 무렵 본처가 다시 머리를 풀고
나타났다. 호적을 들이대며 어머니를 몰아세웠다. 어
머니는 전 남편의 생사가 불분명했기에 호적을 정리하
지 못한 채로 지내왔다. 어머니 호적은 여전히 전쟁 중
실종된 임씨 가문에 올라 있었다. 어머니는 아버지 호
적에 오른 돌쟁이를 딸려 보내고 아버지와 갈라선 뒤
전 남편 딸만 데리고 혼자 살기로 결심했다. 아버지는
마지못해 본처가 있는 창신동으로 돌아갔으나 아들이
보고 싶다는 핑계로 어머니를 찾았다. 그러던 중 아버
지가 괴로움을 이기지 못하고 자살을 기도했다. 마음
이 약해진 어머니가 아버지를 받아들이며 아버지는 창
신동과 수표동 집을 오가며 두 집 살림을 했다.

1957년에 창신동 본처가 딸을 낳고, 6개월 뒤 어머니는

남동생을 낳았다. 수표교에 살던 어린 시절, 동생이 태어난 날의 기억이 선명하다. 산고로 비명을 지르는 어머니를 보고 무서워서 울자 누나가 나를 밖으로 데리고 나갔다. 청계천은 복개 공사 중이라 콘크리트와 삐죽삐죽 솟은 철근이 보이고, 저 너머 하늘에는 연들이 드문드문 떠 있었다. 창신동의 조부모는 아들을 낳지 못한 며느리에게 불만이 컸던 터라 딸만 둘 낳은 창신동 집을 나와서 손자가 둘이나 있는 수표동 집으로 돌아오셨다.

아버지의 인쇄소는 새 옵셋 인쇄기를 들인 다른 인쇄소에 밀려서 거래처가 떨어져 나갔다. 아버지는 뛰어난 화공畫工이었는데, 인쇄소 경영이 어렵게 되자 위조지폐를 만드는 일에 뛰어들었다. 그 일이 중도에서 틀어졌다. 아버지가 위험성을 알아채고 뒤로 빠졌지만 아버지는 경찰에 붙잡혀서 벌금을 물고 풀려났다. 집을 팔아 그 벌금을 마련하느라 가족 이산을 겪어야만 했다. 아버지는 조부모를 모시고 다시 창신동 집으로 돌아가고, 어머니는 우리를 끌고 삼각동 친정으로 들어갔다. 한동안 어머니와 우리 3남매, 외할머니, 큰외

삼촌 내외, 작은외삼촌과 이모와 함께 삼각동에서 살
았다. 외삼촌네가 운니동으로 이사하고, 누나는 고모
에게 돌아갔다. 가족 생계를 두 어깨에 짊어진 어머니
는 빚을 내서 을지로3가에서 대폿집을 냈다.

가게 이외에는 방 한 칸을 구할 수 없던 터라 나와 남
동생은 낮에는 동네의 아이들과 놀고, 밤에는 가게 유
리창을 닫는 함석 판자로 바람막이를 만들어 그 안에
서 졸았다. 어머니가 장사를 마쳐야 가게에서 밥을 먹
고 잠을 잘 수 있었다. 남동생은 어디를 가나 나를 쫓
아다녔다. 밤이면 함석 판자 안에서 둘이 껴안고 추위
를 견뎠다. 1년여 뒤 어머니가 가게 근처에 방을 세냈
다. 바쁜 어머니 대신 이모가 우리를 보살펴주었다. 가
끔 아버지가 얼굴을 내밀고 돌아갔다. 그 무렵 어머니
에게 청혼이 들어왔다. 어머니가 우리를 창신동으로
보내고 결혼한다는 말을 종업원 아줌마에게서 듣고 나
와 동생은 끌어안고 울었다. 다행스럽게도 어머니는
결혼하지 않았다. 대신 내가 청계국민학교에 들어갈
무렵 아버지와 살림을 합쳤다. 그것도 잠시뿐이었다.
아버지와 어머니는 대폿집을 하는 문제로 자주 다퉜

다. 조부모가 있는 창신동에서 배다른 "우리 형제를 구박했네, 안 했네."라며 싸움이 크게 번지는 바람에 두 사람은 또다시 헤어졌다. 그러나 헤어진 진짜 이유는 아버지 사정이 좀처럼 펴지지 못한 데 있었다.

어머니가 가게를 을지로2가로 옮기자 오갈 데가 없어진 나와 남동생은 다시 방치됐다. 어머니가 장사를 마쳐야 겨우 끼니를 해결할 수 있었다. 자칫하면 불량배들과 어울려 '어둠의 자식들'이 될 수도 있었으나 우리는 유혹에 빠지지 않고 잘 버텨냈다. 다시 인쇄소를 시작한 아버지와 우여곡절 끝에 한집에 살게 되었다. 의령 여자가 낳은 이복형이 창신동에서 구박받고 밖에서 말썽만 부렸는데 어머니가 데려다가 창신국민학교에 책상을 기부하는 조건으로 편입학을 시켰다. 어머니 장사도 나아져 내가 4학년에 올라갈 때쯤에는 삼각동으로 가게를 확장했다. 이복형이 우리 집에 와서도 여전히 말썽을 부리자 아버지가 의령으로 내려보냈다.

6학년으로 올라갈 때 인사동에 전세를 얻어 살게 되었다. 우리를 돌보던 노처녀인 이모는 우리 형제에게 마

녀 같은 존재였다. 우리는 셋방에서 살다가 아버지 사업이 여의치가 않자 다시 뿔뿔이 헤어졌다. 덕성여자고등학교에 다니던 누나는 음악 감상실에 다니는 등 문제를 일으키자 어머니가 누나의 머리를 삭발했다. 누나는 정릉에 있는 대성사로 유배되어 근신했다. 누나가 돌아오자 누나와 나는 아침마다 남산으로 약수를 뜨러 갔다. 누나는 맘껏 목청을 높이고 노래를 연습했다. 1968년 누나는 KBS 신인 가수 대회에서 1등을 했다. 누나가 그토록 고대하던 가수라는 날개를 단 것이다. 그 뒤 누나는 미8군 무대에서 노래하며 작곡가 전우중 씨에게서 곡을 받아 첫 음반을 냈다. 그 음반 재킷을 아버지가 일하는 인쇄소에서 찍었다.

1968년 나는 청운중학교에 입학했다. 청계국민학교가 폐교되자 남동생은 수송국민학교로 전학했다. 남동생은 축구부에 들어갔지만 나와 레슬링을 하다가 무릎을 다치는 바람에 축구 선수의 꿈을 접어야만 했다. 누나는 가수 생활로 바빠졌다. 누나의 첫 남편이 될 '백곰형'이 우리 집을 드나들었다. 어느 날 밤, 한방에서 자다가 백곰 형과 누나가 사랑을 나누는 것을 훔쳐봤다.

나는 사춘기로 접어들며 이성에 눈을 떴다. 백곰 형은 좋은 형이었다. 내게 바둑이며 볼링 따위를 가르쳐주었다. 중학교 2학년 때 하교하고 집에 가니 수도경비사령부에 있던 백곰 형이 탈영해 와 있었다. 백곰 형은 만취 상태로 주전자를 집어던지며 물을 떠오라고 했다. 백곰 형이 칼빈 소총을 보여주며 만져보라고 했다. 이튿날 백곰 형은 헌병들에게 잡혀갔다. 다행히 백곰 형은 대법원에서 일하는 부친의 도움으로 정상적으로 임기를 마치고 전역했다. 백곰 형은 전역한 뒤 상업은행에 특채로 들어갔다.

중학교 3학년 때 어머니는 가게를 옮겼다. 나와 동생은 가게 주방 위의 다락방으로 이사하고, 누나는 세를 얻어나갔다. 나는 청운중학교를 졸업하고 담임의 권유로 경기상업고등학교에 진학했다. 그해 봄, 따로 나가 살던 누나와 합쳐 우리 가족은 다시 모여 살았다. 고등학교 2학년이 되었을 때 살림 형편도 많이 폈다. 누나는 가수 활동으로 바쁜 나날을 보냈다. 나는 문예반과 음악반 활동을 하며 경기상업고등학교 교지『백악』20호를 만들고 첫 단편 소설을 실었다. 고등학교 3학년 때

누나의 〈진정 난 몰랐네〉가 그해 최고의 노래로 꼽혔
다. 여기저기서 누나의 노래가 흘러나왔다. 대학에 들
어갈 무렵 누나가 가수 활동으로 돈을 벌자 어머니는
관철동 술집을 접었다. 백곰 형과 누나는 집안 반대로
결혼하지 못했다. 백곰 형은 중매로 결혼했는데 얼마
지나지 않아 그 여자가 자살했다. 백곰 형은 집안 반대
가 여전했지만 누나와 결혼했다. 1974년 4월, 두 사람
이 성산동에 신혼살림을 차렸다. 우리는 남산의 주자
동으로 이사했다. 누나의 인기가 날로 높아지면서 돈
도 많이 벌었다. 우리 집안 살림은 폈지만, 누나는 시
집에서 며느리로 인정받지 못했다. 그 일로 백곰 형과
자주 다투다가 결국은 3개월 만에 이혼했다. 그해 겨
울, 백곰 형은 미국으로 떠나고, 누나는 이혼의 여파로
가수 활동에 제동이 걸렸다.

나는 팝송에 심취해서 돈만 생기면 레코드를 사서 모
았다. 주자동 집이 명동에 가까워 고등학교 동창인 '떠
버리'가 판돌이로 일하는 '캠퍼스' 음악 다방이나 '필
하모니' 음악 감상실에 드나들었다. 술집이나 고고장
에도 자주 들렀다. 1975년 4월 27일, 대학교 휴교령이

내려진 그즈음 지금의 아내 김태화를 만났다. 김태화는 떠버리가 판돌이로 일하는 명동 음악 다방에서 떠버리 여자 친구를 만나러 나왔다. 그때 장발에 콧수염을 기르고 히피 흉내를 내던 나를 소개받은 것이다. 김태화는 내 첫인상이 나빴다고 했다. 나는 피부가 검게 그을린 채 스리랑카인 형색이었으니 그럴 만도 했다. 김태화는 키도 크고 테니스를 쳐 몸매도 날씬한 멋쟁이였다. 김태화는 나를 만나주지 않았다. 나는 떠버리와 여자 친구를 앞세우고 김태화의 동네를 찾아갔다. 자기 오빠와 테니스를 치고 돌아오는 김태화를 만나 다방에 가서 3시간 동안 설득해서 기어코 나와 사귀겠다는 다짐을 받아냈다.

1976년 가을 무렵 상계동에 살던 아버지가 중풍으로 쓰러지셨다. 아버지는 2~3개월 누워 있다가 지팡이에 의지해 조금씩 걸었다. 혼자 살던 누나가 자살을 기도했으나 목숨을 건졌다. 누나는 우리 집에 와 살면서 마음을 추스르고 가수 활동을 재개했다. 남동생은 대학교 입학시험에 실패해 재수했다. 나는 김태화와 사소한 문제로 다투고 헤어졌다. 우리는 헤어지고 다시 만나는 등 여러 차례 우여곡절을 겪었다. 1977년 김태화가 임신한 걸 알고 정식으로 청혼했다. 1980년 3월 15일, 우리는 결혼했다. 그해 6월 19일, 우리의 첫딸이 태어났다.

누나가 느닷없이 터진 대마초 사건에 연루되어 가수 활동이 막혔다. 누나에게 기대던 집안 살림도 궁핍해졌다. 어머니가 청계천4가에 가정집이 딸린 가게를 사서 다시 술장사에 나섰다. 누나가 주자동 전셋집으로 다시 들어오고 2층 전세를 빼 나와 동생이 차지했다. 누나에게 새 남자가 생겼다. 주먹계 보스였는데, 그는 집안에서 자주 행패를 부렸다. 1976년 여름, 봉사 활동을 갔다가 돌아오니 '주먹보스'가 어머니에게 행패를 부렸다는 이야기에 남동생이 격분해서 그가 영업부장으로 있는 명동의 '관광열차'로 달려갔다. 명동 업소 부근 커피숍에서 동생과 주먹보스가 말다툼하고 있었다. 동생이 어머니에게 사과하라고 요구하는데 주먹보스는 대거리하지 않았다. 제 부하들을 믿고 주먹보스가 동생을 겁박했다. 어느 순간 우리는 한데 엉겨 붙어 치고 받는 싸움이 벌어졌다. 신고를 받은 명동파출소

소속 경찰들이 달려왔다. 모두 명동파출소로 끌려갔다
가 가족 간 다툼으로 정리한 뒤 훈방 조치로 풀려났다.
이것이 '백주의 명동 혈투'의 전모다. 그 뒤 누나와 주
먹보스는 갈라섰다.

1981년에 제대하자 대학교 동창과 경희대학교 수원캠
퍼스의 물리 실험실을 같이 꾸리기로 했다. 생활비는
과외해서 조달하기로 하고, 실험실을 꾸리고 과외 팀
도 조직했다. 바로 그때 기다렸다는 듯이 과외 금지령
이 떨어졌다. 아버지와 거기 딸린 식구가 상계동을 떠
나 월곡동으로 이사했다. 아버지는 중풍으로 거동이
불편한데도 동사무소와 노인회로 자원 봉사를 다녔다.
동생 학비와 생활비를 대느라 버거워하던 누나는 기독
교로 개종하고 '연예인 교회'에 다녔다. 월곡동의 아버
지는 등산을 다녔다. 1985년 여름, 아버지는 불암산에
간다는 말을 남기고 행방불명됐다. 아버지가 감쪽같이
사라지고 얼마 뒤 아버지의 조강지처는 간암 판정을
받았다. 나는 이민을 떠나기 직전 그분이 입원한 병원
에 병문안을 갔다. 그때 수척해진 모습을 보았는데, 그
게 마지막이었다. 그분은 1987년 가을에 돌아가셨다.

나는 대학원에 다니면서 조교 수당을 받았지만 생계에
는 보탬이 되지 않았다. 1982년 봄, 둘째를 임신한 아
내를 데리고 말죽거리로 이사했다. 아내가 사업 수완
을 발휘해 파출부 소개업을 시작했다. 그해 5월 9일에
둘째가 태어난 뒤 사업을 시작한 터라 아내는 산후 조
리를 못했다. 강남 일대에 아파트 단지들이 잇달아 들
어서며 여기저기서 파출부를 찾았다. 덕분에 아내의
사업은 번창했다. 2년이 지나 가입 회원 수가 1만이 넘
고, 파출부도 200여 명이나 되었다. 나는 박사 과정을
포기하고 할인 카드 사업을 벌였다. 사업체를 주식회
사로 등록하고 영업 사원도 뽑았다. 그 사업이 공정 거
래에 위반된다는 경제기획원의 유권 해석이 내려지며
제동이 걸렸다. 게다가 1986년 전두환의 처남인 이창
석 지인의 사주로 국세청 세무 조사를 받고 파산하고
말았다. 한국에서 도저히 살 수가 없었다. 몇 달 동안
망설이다가 1986년 가을, 우리는 미국 이민을 가기로
했다. 이민하려고 신원을 조회했는데 과거에 받은 벌
금형이 불거졌다. 큰처남이 손을 써서 벌금형 전과가
말소되고 기다리던 미국 이민 비자가 나왔다. 막상 이
민 비자는 받았지만 돈이 없었다. 아내가 파출부 사무

소를 넘기고 받은 권리금 4,000달러와 처남이 빌려준 돈이 전부였다. 어머니의 회갑 잔치 다음 날인 1987년 8월 30일, 나는 아내와 어린 두 딸을 데리고 미국 이민을 떠났다. 이때 난 32세였다.

나는 중학교 시절 과학 시간에 러더퍼드Ernest Rutherford의 '알파입자 산란 실험'에 매료되어 과학자가 되기로 작정했지만 인생이 내 뜻대로만 되지 않았다. 경희대학교 물리학과에 진학하면서 과학자나 연구자가 되기를 바랐으나 일찍 첫 아이가 생겨 이른 결혼을 했다. 우리 가족이 이민을 간 뒤 어머니는 교회에 나가셨다. 어머니는 권사가 되고, 남동생은 영화 조감독이 되었다. 1992년 남동생은 분장사로 활동하는 여자와 결혼했다. 1995년 〈개 같은 날의 오후〉라는 영화로 감독 데뷔를 했다. 그 영화로 국내 영화제의 신인 감독상을 휩쓸고, 하와이 국제 영화제에서 그랑프리를 받았다. 두 번째 영화 〈인샬라〉를 촬영하려고 모로코에 갔으나 제작 여건이 열악한 탓에 2개월 만에 촬영을 마치고 우여곡절 끝에 극장에서 개봉했으나 흥행에는 참패했다.

1998년 9월 초, 전화 한 통화를 받고 놀랐다. 행방불명이었던 아버지가 고인故人으로 나타난 것이다. 아버지는 은평구의 한 보호 시설에서 있다가 노환으로 7월 8일에 돌아가셨다. 보호 시설에서 아버지의 지문을 근거로 호적을 뒤져 가족을 찾아낸 것이다. 나는 바로 한국으로 들어왔다. 부산에서 자동차 정비 수리소를 경영하던 이복형을 포함한 다른 형제들이 용미리 유골 보관소에서 아버지의 유골을 찾아 벽제에서 분골했다. 아버지 분골은 선산인 안성군 이현리로 모시지 못하고 녹번동 백련산 자락 바위 앞에서 장례를 치르고 근처에 뿌렸다. 1998년 9월 15일, 아버지 장례를 마쳤다. 부산 이복형이 기침을 심하게 했는데, 한 달이나 기침이 멎지 않는다고 했다. 이복형에게 병원에 가서 검사를 받으라고 했다. 10월 말쯤 남동생에게 전화가 왔다. 이복형이 폐암 말기를 판정받았다고 했다. 결국 이복형은 1999년 1월 말쯤 기도원에 있다가 구급차로 옮기는 도중 세상을 떴다. 어머니 조종순 여사는 말년에 척추 협착증으로 고생했지만 남동생이 사는 홍은동 아파트 근처에 살며 신앙생활을 하다가 몇 년 전에 돌아가셨다. 두 번 이혼을 겪은 누나는 그 아픔을 딛고 지금 교회에서 신앙 간증을 다니는 한편, 사업과 가수 활동을 펼치고 있다. 남동생은 새 영화를 찍기 위해 몇 년째 준비하고 있다.

나는 미국에 와서 데어리 퀸Dairy Queen이라는 패스트푸드 프랜차이즈를 열었다. 이 사업체의 전 주인은 처가와 사돈이 되는 오희곤 연어 박사였다. 오 박사는 1983년 무렵 양양 남대천에 연어 방류를 시작한 분이다. 캘리포니아대학교 데이비스캠퍼스University of California, Davis에서 교수를 지낸 생화학 박사로 목재 재벌 기업의 책임 연구원으로 있다가 은퇴했다. 오 박사 부부가 은퇴하고 사업을 시작했지만 힘에 부쳐 내게 넘긴 것이다. 나는 한창 젊은 32세였다. 하루 16~17시간을 일했다. 그렇게 일에 미쳐 밤낮없이 일한 덕분에 사업은 번창했다. 한국의 처형 식구를 불러들여 따로 가게를 차리게 도와주었다. 몇 년 뒤 새 가게를 인수하고, 호텔 부지를 매입했다. 이 패스트푸드 프랜차이즈 사업이 내 경제적 토대를 쌓는데 밑거름이 되었다. 나는 2002년부터 오리건주 바닷가 링컨시티에서 호텔을 운영하며 살고 있다. 2009~2010년까지 오리건주 한인회

회장을 지내고, 지금은 오리건주 한인회 이사로 일한
다. 거기에 오리건주 한국학교 이사장과 한인호텔협회
회장직도 겸하고 있다. 두 딸은 미국에서 제짝을 만나
결혼했다. 둘째 딸은 벌써 아이가 둘이다. 얼마 전 누
나가 큰딸 결혼식에 참석하러 미국에 왔는데, 누나는
지금이 우리 가족의 황금기인 것 같다고 말했다. 나보
다 먼저 오리건주 한인회장을 지낸 중고등학교 동창인
유형진은 내가 평소 공덕을 많이 쌓아 복을 받은 거라
고 말한다.■

□ ∭ 에필로그 ∭ □
── 책 끝에

또 한 권의 책을 끝내며, 또 새로운 감회를 맛본다. 이
책『베이비부머를 위한 변명』은 내가 살아온 삶의 편
력을 빌어 베이비부머, 즉 '우리'라고 하나의 바운더리
로 묶을 수 있는 군집의 삶을, 그 삶의 결을 더듬고 드
러내고자 하는 시도였다. 우리는 어떤 제도, 가치, 금
기, 이데올로기 속에서 그것과 길항하며 삶을 꾸렸는
가를, 또한 우리 안에 숨어 작동하는 욕망의 양태와 무
의식의 물질성을 통해 우리가 왜 이렇게 살 수밖에 없
었는가를 '스토리텔링'을 통해 밝혀보고자 한 것이다.
그 시작점은 '나', '나'를 이루는 기억의 총체, 크게 자

랑스럽거나 수치스러울 것도 없는 자전 기억이다. 이 것은 내가 인식한 내 삶의 전모를 보여줄 테다. 일인은 만인의 부분 집합이고, 전체 집합의 만인은 일인이라 는 원소와 거기에 속하지 않는 원소로 이루어진다. 전 체 집합을 U라 하고 부분 집합을 A라고 할 때 집합 A 에 속하지 않는 원소를 U에 대한 A의 여집합이라고 한 다. 이 책은 U에 대한 A의 여집합을 구하고 그 의미를 밝히기 위한 시도였던 셈이다. 내 개인성과 독자성은 전체 집합 U에 한 원소로 녹아 있고, 그것을 근거로 숨은 또 다른 원소를 구해 U의 퍼즐을 완성하는 일은 넓게는 집단 기억을 불러내 그것으로 한 시대의 벽화 를 그려보려는 기획이고, 좁게는 다른 배경과 기억을 갖고 동시대를 통과해온 이들과 존재의 다의성에 대해 공감하고 소통하려는 노력이다.

이 작업은 내가 한 일을 모두 기억하고 있다는 전제를 바탕으로 한다. 그러나 이 전제는 잘못된 것이다. 내 자전 기억의 많은 부분은 소실되고, 또 어떤 기억은 내 상상과 망상이 들러붙어 일그러지고 뒤틀렸다. 따라 서 자전 기억 자체가 믿을 것이 못 된다는 점에서 심각

한 문제가 불거진다. 설사 그 전제가 성립된다 하더라
도 '나'라는 부분 집합 A는 얼마나 복잡한 요소들로 이
루어졌는가! '나'의 무의식과 경험들은 내가 겪은 타
자와의 관계는 물론이거니와 그밖에 언어, 문화, 기
후, 사물의 총체로 빚어진 것이라고 할 때 과연 '나'라
는 실재의 의미를 밝히고, 더 나아가 그 무수한 '나'의
전체 집합인 '우리'의 초상을 그리려는 시도는 얼마나
무모한가! 나는 이 복잡하고 불가능에 가까운 일을 하
기 위해 내 기억을 인출했다. 결과적으로 보자면 그 기
억은 자전 기억, 즉 해마라는 측두엽 영역에 쌓인 의미
기억과 일화 기억이었을 테다. 하지만 나는 이미 많은
자전 기억의 소실 때문에 이 작업은 시작부터 난관을
겪을 수밖에 없었다.

베이비부머는 저마다 다른 양태의 모욕과 예속을 겪으
며 동시대를 건너왔다. 그것은 가난, 무능한 부모, 시대
의 억압이나 시대와의 불화, 질병, 능력의 한계, 실패한
사업이었을 테다. 산다는 것은 우리가 짊어진 업業, 그
모욕과 예속을 끊고 거기에서 멀리 벗어나기 혹은 도
주하기다. 동물은 저를 덮치는 포획자의 손길을 피해

본능적으로 달아난다. 살아남기 위해서 그러는 것이다. 사람 역시 동물인 한에서 끊임없이 저를 덮치는 나쁜 운명이란 포획자의 손길을 피해 달아난다. 도주선을 타는 일은 우리를 구속하는 존재 조건에서 벗어나 새로운 삶의 생성으로 나아가는 것, 새로운 길의 포획, 그리고 탈영토화하기일 테다. 우리는 저마다 계속 도주선을 탄다. 우리는 기억의 지속성 안에서 유동하는 삶, 변화의 바람을 타고 사는 삶 그 자체다! 이 도주선의 끝이 유토피아가 아닌 것은 분명하다. 유토피아가 있다면 그것은 '자기가 살고 싶은 대로 살기', 어떤 속박도 없는 '제멋대로 살기'일 것이다. 이 책을 쓰면서 끊임없이 "나는 혹은 우리는 잘 살았는가?"라는 물음을 스스로에게 던졌다.

어쨌든 책은 끝났다. 그리고 나는 이 불완전한 책을 세상에 내보낸다. 이 책이 지닌 한계와 불완전성은 전적으로 내 책임이다. 내 기억의 한계를 보완하기 위해 가까운 벗들의 도움을 받았다. 여기에 벗 다섯 명인 손윤근, 신영호, 이명용, 전홍진, 최용훈의 이름을 밝힌다. 이들은 나와 같은 시기에 한반도에서 태어나 한 고등학교를 다닌 벗들이다. 이들은 '살아온 이야기'를 써 보라는 내 요구를 물리치지 않고 받아들여 남에게 털어놓기 곤란한 '살아온 이야기'를 공개했다. 내 벗들의 생생하고 내밀한 이야기가 없었다면 이 책은 지금보다 훨씬 더 빈곤했을 테다. 내 작업에 도움이 되고자 기꺼이 나선 이들의 두터운 우정과 선의는 눈물이 날 만큼 고맙다. 이 책은 나와 같은 시기에 한반도에 태어나 동시대를 겪은 베이비부머에게 바친다. 당신들이 겪은 고단한 삶의 역정歷程, 유별나게 요동이 심했던 시대의 격동 속에서 치른 시련과 고투에 대한 작은 위로가 되기를 바란다.■

2017년 겨울 초입, 파주 교하에서
장석주

베이비부머를 위한 변명

초판 1쇄 발행 2017년 12월 1일

지은이   장석주

편집   김유정
표지   심소연
본문   김민경

펴낸이   김유정
펴낸곳   yeondoo

등록   2017년 5월 22일 제300-2017-69호
주소   서울시 종로구 자하문로 115-18 201호
팩스   02-6338-7580
메일   11lily@daum.net

ISBN 979-11-961967-0-7 03300

이 도서의 국립중앙도서관 출판예정도서목록(CIP)은 서지정보유통지원시스템 홈페이지
(http://seoji.nl.go.kr)와 국가자료공동목록시스템(http://www.nl.go.kr/kolisnet)에서 이용
하실 수 있습니다. (CIP제어번호:CIP2017028994)